진짜!
독해의
기술

콩나물쌤이
꼭꼭 다져주는

단단한
문해력

1

서사원 주니어

글을 잘 읽기 위해서는 독서량만큼이나 독해의 기술이 중요합니다. 단순히 많이 읽기에 앞서 어떻게 읽어야 하는지 알고 읽어야 한다는 말이지요. 자동차 수리 기술을 익혀야 자동차를 고칠 수 있는 것처럼 독해 기술을 익혀야 글을 잘 읽을 수 있습니다.

그런데 안타깝게도 대부분의 아이들은 글을 잘 읽는 기술이 없습니다. 그냥 글을 읽을 뿐 '어떻게' 읽어야 하는지 방법을 모르는 겁니다. 쉬운 글일 때는 독해의 기술이 없어도 크게 상관이 없어요. 특별한 기술이 없어도 이해가 되니까요. 문제는 글이 어려울 때입니다. 어려운 글일수록 적절한 독해 기술을 사용해야 잘 이해할 수 있어요. 그런데 많은 아이들이 이런 독해 기술이 없어서 어려움을 겪고 있습니다.

아이가 독해에 어려움을 겪을 때 여러분은 어떻게 하시나요? 올바로 글을 파악할 수 있는 기술을 가르쳐 주신 적이 있으신가요? 아마 거의 없을 겁니다. 대부분의 부모님과 선생님은 독해의 기술을 가르쳐 주지 않으세요. 그보다는 '이 글의 내용은 이러이러한 내용이야.'라고 그냥 글의 내용을 알려 주실 겁니다. 이는 아이들의 독해력 향상에 도움이 되기 어렵습니다.

아이들은 앞으로 수천, 수만 개의 글을 읽어야 합니다. 그리고 그 중에는 필연적으로 이해하지 못하는 글이 있을 거예요. 그때마다 매번 어떤 내용인지 알려 주실 수는 없습니다. 수능 시험장까지 따라가서 알려 주실 순 없잖아요. 아이의 문해력을 키우려면 이해 못하는 글의 내용을 자꾸 설명해 주면 안 돼요. 그보다 아이 스스로 이해할 수 있도록 독해의 기술을 알려 줘야 합니다. 그래야 아이가 학교에 가서도, 시험장에 가서도, 성인이 되어서도 자기 힘으로 글을 읽을 수 있습니다.

이 책은 읽기 전, 중, 후에 사용할 수 있는 10가지 유형의 독해 기술을 훈련시켜요. 단순히 문제를 풀리기만 하는 것이 아니라 다양한 독해 기술을 습득할 수 있도록 연습시키지요. 어떤 연습을 어떻게 시키는지는 이 책의 특징에서 조금 더 자세히 설명하겠습니다.

어린이여러분!

콩하~ 안녕 친구들, 저는 콩나물쌤입니다. 여러분의 문해력을 콩나물처럼 쑥쑥 키워 줄 거라서 콩나물쌤이랍니다.

여러분은 글을 읽을 때 이해를 잘하는 편인가요? 아마 어떤 글은 이해가 잘될 거고 또 어떤 글은 이해가 잘 안되겠지요. 그런데 이해가 잘 안될 때는 어떻게 하나요? 그냥 한숨만 쉬고 머리를 쥐어뜯지 않나요?

많은 친구들이 글을 이해하기 어려우면 그냥 포기해요. 하지만 원래 어려운 글은 이해하기도 어려운 법이에요. 사실 그건 어른들도 마찬가지랍니다. 어른이라고 모든 글을 잘 이해하는 건 아니거든요. 그러니 그냥 포기하면 안 되고 이해하기 위한 노력을 해야 해요.

어려운 글이 있으면 어떻게 해야 하냐고요? 바로 이해하기 위한 기술을 사용해야 해요. 멋지게 피아노 연주를 하고 멋진 슛을 쏘는 것처럼 글을 이해하는 데도 기술이 필요하답니다.

이렇게 글을 잘 이해하기 위한 기술을 독해 기술이라고 해요. 독해 기술을 익히면 어려웠던 글들도 잘 이해할 수 있어요. 단순히 읽고 그냥 '모르겠다' 하는 것이 아니라 이해하기 위한 방법을 쓰니까 이해가 되는 거예요.

이 책에서 여러분은 글을 더 잘 이해할 수 있는 다양한 독해 기술을 배울 거예요. 이 독해 기술을 모두 익힌다면 여러분이 이해하지 못할 글은 없어요. 어려운 글을 만나도 독해 기술을 하나씩 쓰면서 천천히 이해해 나가면 되니까요. 그날까지 콩나물쌤과 함께 열심히 연습해 봐요.

자, 독해 기술을 익힐 준비 되었나요? 그럼 지금 같이 출발해 봐요~ 콩하!!

이 책의 구성과 특징

이 책은 학생들이 다양한 독해 기술을 자연스럽게 익힐 수 있도록 구성되어 있어요.
그 특징을 하나씩 살펴보겠습니다.

시리즈 4권

이 책은 1권부터 4권까지 총 4권으로 구성되어 있어요. 1권에서 4권으로 갈수록 점차 난이도가 올라가요. 지문의 길이가 조금씩 길어지고 문제도 조금씩 어려워집니다. 그래서 점점 더 난이도를 올려가며 학습할 수 있게 구성되어 있어요. 또한 각 권에서 훈련하는 읽기 기술이 약간씩 달라집니다. 다양한 독해 기술을 빠트림 없이 익히기 위해 1권부터 시작해 4권까지 차례대로 학습하는 것을 권합니다.

한 권 30일

한 권은 30일 동안 할 수 있도록 구성되어 있어요. 하루도 빠짐없이 한다면 딱 한 달이면 끝낼 수 있는 분량이죠. 매일 할 수 있다면 가장 좋을 거예요. 하지만 읽기 수준에 따라 주 5회 혹은 주 3회 진행해도 좋아요. 다만 포기하지 말고 끝까지 해야 해요. 참고로 1권은 1~30번, 2권은 31~60번, 3권은 61~90번, 마지막 4권은 91~120번으로 이루어져 있어요.

하루
1개

하루의 학습 내용은 지문과 문제로 이루어져 있어요. 지문은 1개, 문제는 6개입니다. 다만 한 문제가 꽤 길 때는 문제가 5번까지만 있기도 해요.

3개 영역
6개 갈래

지문은 크게 3개 분야로 이루어져 있어요. 바로 인문·사회, 과학·기술, 예술·체육입니다. 인문·사회는 경제, 사회, 문화, 지리, 인물, 철학·도덕으로 구성되어 있습니다. 과학·기술은 물리, 생물, 화학, 지구과학, 환경, 기술로 구성되어 있어요. 예술·체육은 음악, 미술, 체육, 기타로 구성되어 있지요. 이 시리즈와 함께라면 매우 다양한 분야의 다양한 글을 읽을 수 있을 거예요.

또한 여러 갈래의 글을 만날 수 있습니다. 설명문, 논설문, 전기문, 기행문, 편지글, 실용문 등 교과서는 물론 일상생활에서 마주치게 되는 다양한 갈래의 지문을 읽어 보세요.

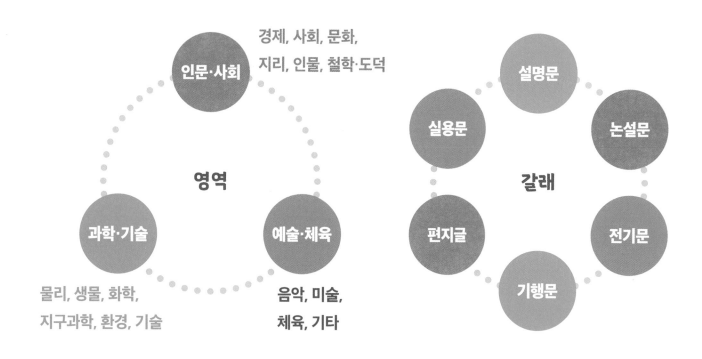

3단계 문제

문제는 크게 읽기 전, 읽기 중, 읽기 후의 3단계로 구성되어 있어요. 1번 문제는 읽기 전, 2번 문제는 읽기 중, 그리고 3~6번 문제는 읽기 후 단계예요. 문해력에 관한 연구를 보면 문해력이 좋은 사람은 그냥 글을 읽고 문제를 풀지 않아요. 읽기 전 그리고 읽는 중에 글을 더 잘 이해하기 위한 활동을 해요. 배경지식을 떠올리거나 필요한 부분에 표시를 하는 등의 활동을 합니다. 그래서 이 책에서는 읽기 후에 풀어야 하는 문제뿐 아니라 읽기 전과 읽기 중에 해야 하는 활동을 포함하고 있어요. 이를 계속해서 연습하다 보면 읽기 전과 읽기 중에 해야 하는 활동이 자연스럽게 몸에 배게 될 거예요.

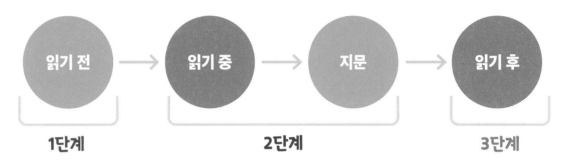

10가지 문제 유형

문제는 총 10가지 유형으로 구성되어 있어요. 유창성, 배경지식, 이해 전략, 어휘, 독해, 구조화, 그래픽 조직자, 질문, 사고력, 쓰기가 그것이에요. 크게 묶으면 10가지 유형이지만, 사실 그 아래에는 더 세부적인 유형이 있어요. 예를 들어 어휘라는 하나의 유형 안에 문맥 추론, 형태 추론, 어휘 확장, 어휘 학습, 단어 의식 등 다양한 종류의 문제가 있어요. 많은 독해 문제집이 몇 가지 유형의 문제를 계속 반복하는 것과 크게 차별화된 점이지요. 이 책만 꾸준히 학습해도 문해력에 필요한 모든 독해 기술들을 습득할 수 있습니다.

1일차 미리 보기

지문의 분야와 갈래

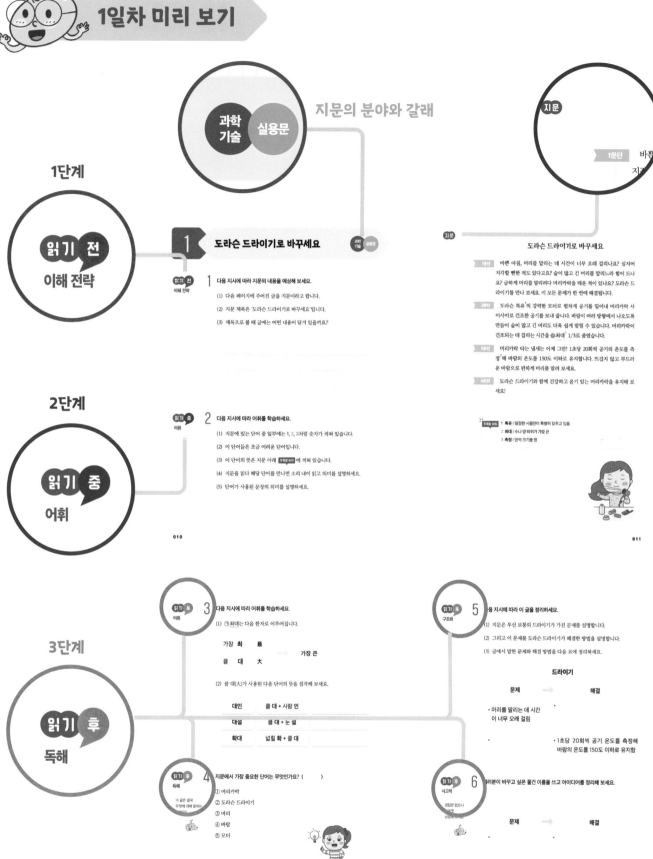

과학 기술 / **실용문**

1단계

읽기 전 이해 전략

1 도라슨 드라이기로 바꾸세요 〈과학 기술 / 실용문〉

읽기 전 이해 전략

1 다음 지시에 따라 지문의 내용을 예상해 보세요.

(1) 다음 페이지에 주어진 글을 지문이라고 합니다.

(2) 지문 제목은 '도라슨 드라이기로 바꾸세요'입니다.

(3) 제목으로 볼 때 글에는 어떤 내용이 담겨 있을까요?

2단계

읽기 중 어휘

읽기 중 어휘

2 다음 지시에 따라 어휘를 학습하세요.

(1) 지문에 있는 단어 중 일부에는 1, 2, 3처럼 숫자가 적혀 있습니다.

(2) 이 단어들은 조금 어려운 단어입니다.

(3) 이 단어의 뜻은 지문 아래 주목할 어휘 에 적혀 있습니다.

(4) 지문을 읽다 해당 단어를 만나면 소리 내어 읽고 의미를 설명하세요.

(5) 단어가 사용된 문장의 의미를 설명하세요.

010

지문

1문단 바쁜
지각

지문

도라슨 드라이기로 바꾸세요

1문단 바쁜 아침, 머리를 말리는 데 시간이 너무 오래 걸리나요? 심지어 지각할 뻔한 적도 있다고요? 숱이 많고 긴 머리를 말리느라 힘이 드나요? 급하게 머리를 말리려다 머리카락을 태운 적이 있나요? 도라슨 드라이기를 만나 보세요. 이 모든 문제가 한 번에 해결됩니다.

2문단 도라슨 특유[1]의 강력한 모터로 힘차게 공기를 밀어내 머리카락 사이사이로 건조한 공기를 보내 줍니다. 바람이 여러 방향에서 나오도록 만들어 숱이 많고 긴 머리도 더욱 쉽게 말릴 수 있습니다. 머리카락이 건조되는 데 걸리는 시간을 ◎최대[2] 1/3로 줄였습니다.

3문단 머리카락 타는 냄새는 이제 그만! 1초당 20회씩 공기의 온도를 측정[3]해 바람의 온도를 150도 이하로 유지합니다. 뜨겁지 않고 부드러운 바람으로 편하게 머리를 말려 보세요.

4문단 도라슨 드라이기와 함께 건강하고 윤기 있는 머리카락을 유지해 보세요!

주목할 어휘
1 특유 | 일정한 사물만이 특별히 갖추고 있음
2 최대 | 수나 양 따위가 가장 큰
3 측정 | 양의 크기를 잼

011

3단계

읽기 후 독해

읽기 후 어휘

3 다음 지시에 따라 어휘를 학습하세요.

(1) ⊙최대는 다음 한자로 이루어집니다.

| 가장 최 | 最 | → | 가장 큰 |
| 클 대 | 大 | | |

(2) 클 대(大)가 사용된 다음 단어의 뜻을 짐작해 보세요.

대인	클 대 + 사람 인
대설	클 대 + 눈 설
확대	넓힐 확 + 클 대

읽기 후 독해

이 글은 결국 무엇에 대해 말하는 걸까요?

4 지문에서 가장 중요한 단어는 무엇인가요? (   )

① 머리카락
② 도라슨 드라이기
③ 머리
④ 바람
⑤ 모터

012

읽기 후 구조화

5 다음 지시에 따라 이 글을 정리하세요.

(1) 지문은 우선 보통의 드라이기가 가진 문제를 설명합니다.

(2) 그리고 이 문제를 도라슨 드라이기가 해결한 방법을 설명합니다.

(3) 글에서 말한 문제와 해결 방법을 다음 표에 정리하세요.

드라이기

문제	→	해결
• 머리를 말리는 데 시간이 너무 오래 걸림		
		• 1초당 20회씩 공기 온도를 측정해 바람의 온도를 150도 이하로 유지함

읽기 후 사고력

정답은 없다니 자유롭게 상상해 보세요

6 머리분이 바꾸고 싶은 물건 이름을 쓰고 아이디어를 정리해 보세요.

문제	→	해결
•		•

013

▶ **3일차, 11일차는 콩나물쌤의 강의 영상과 함께하세요.**

1 도라손 드라이기로 바꾸세요

1 다음 지시에 따라 지문의 내용을 예상해 보세요.

(1) 다음 페이지에 주어진 글을 지문이라고 합니다.

(2) 지문 제목은 '도라손 드라이기로 바꾸세요'입니다.

(3) 제목으로 볼 때 글에는 어떤 내용이 담겨 있을까요?

2 다음 지시에 따라 어휘를 학습하세요.

(1) 지문에 있는 단어 중 일부에는 1, 2, 3처럼 숫자가 적혀 있습니다.

(2) 이 단어들은 조금 어려운 단어입니다.

(3) 이 단어의 뜻은 지문 아래 주목할 어휘 에 적혀 있습니다.

(4) 지문을 읽다 해당 단어를 만나면 소리 내어 읽고 의미를 설명하세요.

(5) 단어가 사용된 문장의 의미를 설명하세요.

도라슨 드라이기로 바꾸세요

1문단   바쁜 아침, 머리를 말리는 데 시간이 너무 오래 걸리나요? 심지어 지각할 뻔한 적도 있다고요? 숱이 많고 긴 머리를 말리느라 힘이 드나요? 급하게 머리를 말리려다 머리카락을 태운 적이 있나요? 도라슨 드라이기를 만나 보세요. 이 모든 문제가 한 번에 해결됩니다.

2문단   도라슨 특유¹의 강력한 모터로 힘차게 공기를 밀어내 머리카락 사이사이로 건조한 공기를 보내 줍니다. 바람이 여러 방향에서 나오도록 만들어 숱이 많고 긴 머리도 더욱 쉽게 말릴 수 있습니다. 머리카락이 건조되는 데 걸리는 시간을 ㉠최대² 1/3로 줄였습니다.

3문단   머리카락 타는 냄새는 이제 그만! 1초당 20회씩 공기의 온도를 측정³해 바람의 온도를 150도 이하로 유지합니다. 뜨겁지 않고 부드러운 바람으로 편하게 머리를 말려 보세요.

4문단   도라슨 드라이기와 함께 건강하고 윤기 있는 머리카락을 유지해 보세요!

주목할 어휘   **1 특유** | 일정한 사물만이 특별히 갖추고 있음

2 최대 | 수나 양 따위가 가장 큰

3 측정 | 양의 크기를 잼

3 다음 지시에 따라 어휘를 학습하세요.

(1) ㉠최대는 다음 한자로 이루어집니다.

가장 **최** 最

클 **대** 大 ➡ **가장 큰**

(2) 클 대(大)가 사용된 다음 단어의 뜻을 짐작해 보세요.

대인	클 대 + 사람 인	
대설	클 대 + 눈 설	
확대	넓힐 확 + 클 대	

4 지문에서 가장 중요한 단어는 무엇인가요? (   )

이 글은 결국
무엇에 대해 말하는
걸까요?

① 머리카락

② 도라슨 드라이기

③ 머리

④ 바람

⑤ 모터

5 다음 지시에 따라 이 글을 정리하세요.

(1) 지문은 우선 보통의 드라이기가 가진 문제를 설명합니다.

(2) 그리고 이 문제를 도라슨 드라이기가 해결한 방법을 설명합니다.

(3) 글에서 말한 문제와 해결 방법을 다음 표에 정리하세요.

드라이기

문제		해결
• 머리를 말리는 데 시간이 너무 오래 걸림		•
•		• 1초당 20회씩 공기 온도를 측정해 바람의 온도를 150도 이하로 유지함

6 여러분이 바꾸고 싶은 물건 이름을 쓰고 아이디어를 정리해 보세요.

정답은 없으니
마음껏
상상해 보세요.

문제		해결
•		•
•		•

2 왜 호주에는 신기한 동물이 많을까?

인문 사회 · 편지글

읽기 전
어휘

1 다음 단어의 뜻을 얼마나 알고 있는지 알맞은 곳에 ○표 하세요.

	전혀 모르겠음	잘 모르겠음	알고 있음	잘 알고 있음
대륙				
조류				
파충류				
종				

읽기 중
유창성

2 글쓴이의 상황에 맞는 목소리로 지문을 읽은 후 스스로 평가해 보세요.

이 글은 한 아이가 할머니에게 쓴 편지입니다. 아이는 현재 호주로 여행을 왔는데 신기한 동물을 보고 매우 신이 났습니다.

	잘함	보통	부족
아이의 목소리였다.			
신이 난 목소리였다.			
할머니께 말하는 듯한 느낌이었다.			

왜 호주에는 신기한 동물이 많을까?

1문단
할머니, 잘 지내고 계시죠?
저는 엄마 아빠랑 호주에서 재미있게 여행하고 있어요.

2문단
저는 여기서 책이나 텔레비전에서만 보던 신기한 동물들을 많이 봤어요. 캥거루는 진짜로 배에 달린 주머니에 새끼를 넣고 다니더라고요. 나무에 매달려 자는 코알라는 인형인 줄 알았어요. 해질녘 바닷가에서 아장아장 걸어 집으로 돌아가는 페어리펭귄들은 또 얼마나 귀여운지 몰라요.

3문단
할머니, 호주에는 왜 이렇게 신기한 동물이 많은지 아세요? 호주 대륙[1]이 수천만 년 동안 다른 대륙과 떨어져 혼자 있었기 때문이래요. 호주에 사는 조류[2]의 45%, 파충류의 93%는 세계 어디에서도 볼 수 없고 오직 호주에서만 볼 수 있다고 해요.

4문단
지금 호주에는 약 20~30만 종[3]이나 되는 동물들이 산대요. 그래서 동물원에 안 가도 호주를 여행하다 보면 어디에서나 동물들을 많이 만나게 돼요. 여기서 재미난 구경 많이 하고 건강한 모습으로 돌아갈게요.

5문단
할머니, 그때까지 안녕히 계세요.

찬이 올림

 주목할 어휘 **1 대륙** | 넓은 면적을 가진 육지로 아시아, 유럽, 아프리카 등이 있음
2 조류 | 새의 특징을 가진 동물
3 종 | 유사한 생물끼리 묶어 구분하는 기준의 일종

3 호주에서 보았던 동물이 <u>아닌</u> 것을 <u>모두</u> 고르세요. (   )

① 나무에 매달려 자는 코알라

② 사람을 태우고 사막을 가로지르는 낙타

③ 아장아장 걸어 집으로 돌아가는 페어리펭귄

④ 배에 달린 주머니에 새끼를 넣고 다니는 캥거루

⑤ 멋지게 물살을 가르는 돌고래

4 다음 결과에 알맞은 원인을 쓰세요.

3문단을 보면서
써도 좋습니다.

원인

....

....

....

⬇

결과

호주에는 다른 대륙에서는 볼 수 없는
신기한 동물이 많이 산다.

5 **다음 지시에 따라 어휘를 학습해 보세요.**

(1) 다음 단어가 무엇을 뜻하는지 말로 하나씩 설명하세요.

대륙	조류	종

(2) 지문 아래에 있는 설명을 읽으세요.

(3) 보지 않고 다시 설명하세요.

(4) 설명하기 어렵다면 할 수 있을 때까지 (2)와 (3)을 반복하세요.

6 **다음 지시에 따라 글을 쓰세요.**

(1) 내가 알고 있는 가장 신기한 동물을 떠올려 보세요.

(2) 그 동물에 대하여 글로 설명하세요.

(3) 책이나 인터넷을 찾아보면 더욱 좋아요.

내가 가장 신기하게 생각하는 동물은 .... 이다.

왜냐하면 ....

....

....

....

....

읽기 전
유창성

1 다음 지시에 따라 나의 읽기를 평가하세요.

(1) 다음 문장을 소리 내어 읽으세요.

> 그런데 식목일이 공휴일에서 빠지게 되면서 나무 심기에 대한 사람들의 관심은 오히려 예전보다 낮아졌어요.

(2) 나의 읽기가 어땠는지 ✓표 하세요.

☐ 말하듯이 부드럽고 끊어짐 없이 자연스럽게 읽었다.
☐ 중간에 한 번 이상 멈칫거렸다.
☐ 읽는 소리가 어딘가 부자연스럽고 딱딱했다.
☐ 너무 빠르게 혹은 너무 느리게 읽었다.

(3) 부족한 점이 있었다면 그 부분에 신경 써서 다시 한번 읽으세요.

읽기 중
유창성

평소처럼 읽으세요.

2 다음 지시에 따라 나의 읽기를 확인하세요.

(1) 초를 잴 수 있도록 스마트폰이나 타이머를 준비하세요.

(2) 타이머를 누르고 다음 페이지의 지문을 소리 내어 읽습니다.

(3) 다 읽으면 타이머를 멈추고 시간을 확인합니다.

(4) 내 읽기 속도가 다음 중 어디에 속하는지 확인합니다.

지문

나무를 심어야 하는 이유

1문단
우리가 살아가는 환경[1]이 점차 파괴됨에 따라 많은 사람들이 환경 문제를 해결하기 위해 다양한 노력을 하고 있어요. 그 중 나무 심기는 여러 방면에 좋은 영향을 주는 쉽고도 효과적인 방법이지요.

2문단
나무는 한 그루만 있어도 많은 ㉠생명체를 길러 낼 수 있어요. 나무가 모인 숲은 그 자체로 하나의 생태계[2]예요. 수명[3]을 다해 죽은 나무조차도 다양한 생물들의 보금자리가 되지요. 나무는 가뭄과 홍수도 막아 주고, 공기도 깨끗하게 해 줘요. 또 산사태를 막아 주고 흙을 보존해 주기도 해요. 나무가 지구를 위해 하는 일은 다 말할 수 없을 정도로 많아요.

3문단
하지만 나무가 사라지는 속도가 생각보다 빨라요. 어린 나무가 충분히 크기 위해서는 사람들의 관심과 기다림이 필요해요. 그런데 식목일이 공휴일에서 빠지게 되면서 나무 심기에 대한 사람들의 관심은 오히려 예전보다 낮아졌어요. 우리 모두 나무 심기의 중요성을 알고 계속 나무를 심어야 해요.

주목할 어휘
1 **환경** | 생물에게 영향을 주는 자연적 조건이나 사회적 상황
2 **생태계** | 어떤 환경 안에 사는 생물과 그 생물에 영향을 주는 환경
3 **수명** | 생물이 살아 있는 연한

3 다음 지시에 따라 ㉠생명체의 뜻을 생각해 보세요.

(1) 다음 문장을 통해 뜻을 추측해 보세요

말이 되도록 둘을
자연스럽게 연결해
보세요.

나무는 한 그루만 있어도 많은 **생명체** 를 길러낼 수 있어요.

(2) 단어를 잘라 뜻을 추측해 보세요.

생명
동식물이 살아서 숨 쉬고
활동할 수 있는 힘

체
몸, 신체, 물체

생명체

4 다음 예시를 참고하여 나무를 심어야 하는 이유에 모두 밑줄을 긋고 번호를 매기세요.

예시 포유류는 젖을 먹여 새끼를 키우는 동물을 뜻합니다. 포유류에는
❶ 사자, ❷ 호랑이, ❸ 사슴, ❹ 인간, ❺ 원숭이 등이 있습니다.

2문단 나무는 한 그루만 있어도 많은 생명체를 길러 낼 수 있어요. 나무가 모인 숲은 그 자체로 하나의 생태계예요. 수명을 다해 죽은 나무조차도 다양한 생물들의 보금자리가 되지요. 나무는 가뭄과 홍수도 막아 주고, 공기도 깨끗하게 해 줘요. 또 산사태를 막아 주고 흙을 보존해 주기도 해요. 나무가 지구를 위해 하는 일은 다 말할 수 없을 정도로 많아요.

읽기 후
독해

5 3문단에서 글쓴이가 하고 싶었던 가장 중요한 말은 무엇일까요? 글쓴이가 읽는 이에게 요구하고 있는 것을 찾아 ○표 하세요.

> 하지만 ❶ 나무가 사라지는 속도가 생각보다 빨라요. ❷ 어린 나무가 충분히 크기 위해서는 사람들의 관심과 기다림이 필요해요. 그런데 ❸ 식목일이 공휴일에서 빠지게 되면서 나무 심기에 대한 사람들의 관심은 오히려 예전보다 낮아졌어요. ❹ 우리 모두 나무 심기의 중요성을 알고 계속 나무를 심어야 해요.

읽기 후
쓰기

6 내가 생각하는 숲과 나무의 장점을 세 가지 이상 쓰세요.

숲에 갔던 경험을
떠올려 보세요.

숲과 나무의 장점

-

세계의 여러 종교

1 여러분이 알고 있는 종교를 마인드맵으로 표현하세요.

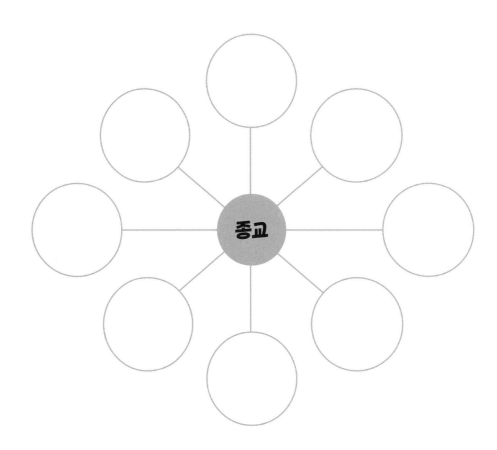

종교

2 다음 지시에 따라 지문을 읽으세요.

(1) 글을 읽을 때 목적을 가지고 읽을 수 있습니다.

(2) 이번 지문에서는 종교별 신자 수를 확인하고자 합니다.

(3) 종교 이름에는 □□□로 표시합니다.

(4) 종교별 신자 수에는 ○로 표시합니다.

세계의 여러 종교

1문단 종교[1]는 사람들의 생각과 행동, 그리고 예술과 역사 등 우리 생활에 큰 영향을 미쳐요. 세계에는 수많은 종교가 있지만 그중에서 가장 널리 퍼진 종교는 다음과 같아요.

2문단 기독교는 예수를 유일한 신으로 믿으며, 사랑의 실천을 가장 중요하게 여겨요. 세계 인구의 약 1/3에 해당하는 25억 명이 기독교 신자[2]입니다.

3문단 이슬람교 역시 알라신을 유일신[3]으로 믿으며 절대 순종을 강조합니다. 이슬람이라는 말이 절대 순종을 뜻한답니다. 이슬람교를 믿는 무슬림은 전 세계적으로 19억 명이 넘어요.

4문단 힌두교는 매우 많은 신이 있다고 믿으며 우주와 하나 됨을 강조합니다. 세상에서 가장 오래된 종교로 신자 수는 12억 명이 넘어요. 힌두는 인도의 인더스강을 뜻하는 말에서 왔어요.

5문단 불교는 부처의 가르침을 실천하는 종교예요. 하지만 부처를 신이라고 생각하지는 않아요. 스스로의 깨달음을 중요하게 여기며, 사람뿐 아니라 모든 생명을 소중히 여기지요. 중국을 비롯해 동아시아에 주로 퍼진 종교로, 신자는 5억 명이 넘어요.

주목할 어휘
1 **종교** | 신을 믿고 의지하면서 살아가는 문화
2 **신자** | 종교를 믿는 사람
3 **유일신** | 오직 하나밖에 없는 신

3 다음 지시에 따라 어휘를 학습하세요.

(1) '신자'는 다음 한자로 이루어집니다.

믿을 **신**	**信**	
사람 **자**	**者**	➡ 신자

(2) 믿을 신(信)이 사용된 다음 단어의 뜻을 추측해 쓰세요.

신뢰	믿을 **신** + 의지할 **뢰**	
배신	배반할 **배** + 믿을 **신**	
확신	굳을 **확** + 믿을 **신**	

4 종교별 특징을 다음 표에 정리하세요.

하나하나 체크하면서 정리하세요.

	믿는 대상	가장 중요한 것	신자 수
기독교	예수		
이슬람교			19억 명
힌두교	매우 많음		
불교		깨달음	

5 다음 중 글의 내용과 맞는 것을 고르세요. (   )

① 기독교와 힌두교는 하나의 신을 믿는다.

② 이슬람교와 불교에는 여러 신이 있다.

③ 힌두교는 기독교보다 더 오래된 종교이다.

④ 불교 신자보다 이슬람교 신자가 4배 더 많다.

⑤ 불교는 세상에서 신자가 가장 적은 종교다.

6 다음 지시에 따라 글을 쓰세요.

(1) 여러분은 신이 있다고 믿나요? ....

(2) 여러분의 생각을 이유와 함께 글로 쓰세요.

나는 신이 (있다고 생각한다. 없다고 생각한다.)

왜냐하면 ....

....

....

....

....

....

....

운동을 하면 왜 땀이 날까?

예술
체육 설명문

읽기 전

배경지식

여러분이 운동할
때의 경험을 떠올려
보세요.

1 다음 지시에 따라 여러분의 생각을 쓰세요.

(1) 지문의 제목은 '운동을 하면 왜 땀이 날까?'입니다.

(2) 운동을 할 때 땀이 나는 이유가 무엇이라고 생각하나요?

(3) 여러분의 생각을 글로 쓰세요.

....

....

....

읽기 중

유창성

2 다음 지시에 따라 지문을 읽으세요.

(1) 자신이 어떻게 글을 읽는지 알면 읽기 실력이 빠르게 성장합니다.

(2) 녹음기 혹은 스마트폰으로 녹음합니다.

(3) 지문을 소리 내어 읽습니다.

(4) 자신의 읽기를 듣고 평가해 보세요.

	부족	보통	잘함
말하는 속도로 편안하게 읽었다.			
더듬거리지 않고 자연스럽게 읽었다.			
별로 틀리지 않고 매끄럽게 읽었다.			

운동을 하면 왜 땀이 날까?

1문단 신나게 뛰어놀거나 운동을 하고 나서 땀이 송글송글 맺힌 경험, 누구나 있을 겁니다. 가만히 있을 때는 나지 않던 땀이 뛰거나 달리는 등 운동을 시작하면 나는 이유는 무엇일까요?

2문단 운동을 할 때 우리는 몸의 여러 부위[1]를 활발하게 움직이고 힘도 쓰게 되지요. 몸을 많이 움직이고 힘을 쓰면 자연스럽게 우리 몸에서는 열이 납니다. 열이 나면 체온[2]이 올라가면서 덥다고 느끼게 되는 거지요. 그런데 몸이 건강하려면 일정한 체온을 유지[3]해야 해요. 그래서 우리 몸은 체온을 낮추는 작업을 시작합니다.

3문단 그 작업이 바로 땀입니다. 땀은 우리 몸의 열을 낮춰 주는 역할을 해요. 몸 안에서 열이 나면 땀샘은 땀을 만들어 몸 밖으로 내보내요. 이때 몸 안에 있는 찌꺼기들도 땀과 함께 밖으로 나오지요. 땀구멍을 통해 나온 땀은 공기와 만나 마르게 됩니다. 땀이 말라 공기 속으로 날아가면서 열을 빼앗아가 시원해져요.

4문단 정리하자면 운동을 할 때 땀이 나는 이유는 다음과 같습니다.

주목할 어휘 **1 부위** | 전체에 대하여 어떤 특정한 부분이 차지하는 위치

2 체온 | 몸의 온도

3 유지 | 어떤 상태나 상황을 변함없이 계속하여 지킴

3 운동을 하면 땀이 나는 이유를 지문에서 찾아 다음 표에 정리하세요.

운동을 하면 몸의 여러 부위를 ....

↓

우리 몸에서 열이 나게 됨

↓

열이 나면 ....

↓

건강하려면 ....

↓

그래서 우리 몸은 체온을 낮추는 작업을 함. 그 작업이 ....

4 땀이 나는 과정을 지문에서 찾아 다음 표에 정리하세요.

몸 안에서 열이 남

↓

땀샘은 ....

↓

....

↓

땀이 공기와 만나 ....

↓

땀이 말라 공기 속으로 열을 빼앗아가 ....

읽기 후

쓰기

5 다음 지시에 따라 4문단을 완성하세요

(1) 땀이 나는 이유를 정리해 말로 설명하세요.

(2) 가장 중요한 부분을 중심으로 너무 길지 않게 간단히 설명합니다.

(3) 말로 잘 설명할 수 있으면 글로 쓰세요.

앞에서 말한 내용을
최대한 간추려
보세요.

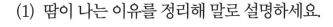

....

....

....

....

....

....

읽기 후

사고력

6 다음 지시에 따라 글을 쓰세요.

(1) 만약 운동해도 땀이 나지 않는다면 무슨 일이 벌어질까요?

(2) 땀이 나지 않으면 일어날 일을 상상해서 글로 쓰세요.

앞의 설명을
뒤집어 거꾸로
생각해 보세요.

....

....

....

....

....

공기를 깨끗하게 하는 식물

과학 기술 · 실용문

읽기 전
어휘

1 다음 단어를 읽고 알맞은 것끼리 연결하세요.

미세 먼지 •

꽃가루 •

매연 •

• 꽃의 유전 정보를 담고 있는 가루

• 연료가 탈 때 나오는 그을음이 섞인 연기

• 눈에 보이지 않을 정도로 작은 먼지

읽기 중
질문

2 문단마다 하나의 문장을 골라 질문을 만드세요.

문장 안에서 한 부분을 골라 질문으로 만들어 보세요.

문단	문장		질문
1	우리 몸에 염증을 일으키는 미세 먼지!	➡	염증을 일으킨다는 것은 무슨 뜻일까?
2	집 안에서 나오는 각종 화학물질과 생활 먼지	➡	집 안에서는 어떤 화학물질이 나올까?
3		➡	
4		➡	
5		➡	

공기를 깨끗하게 하는 식물

1문단
우리 몸에 염증을 일으키는 미세 먼지!
알레르기를 일으키는 꽃가루!
수많은 차에서 나오는 매연까지!

2문단
창문을 꼭꼭 닫고 살면 피할 수 있을까요?
집 안에서 나오는 각종 화학물질[1]과 생활 먼지,
어떻게 하면 집 안에서 싹 내보낼 수 있을까요?

3문단
이럴 땐 공기를 깨끗하게 해 주는 공기 정화[2] 식물을 두세요!
미국 항공 우주국 나사(NASA)가 우주선의 공기를 정화시키기 위해 선택했습니다.
우리 몸에 좋지 않은 실내 공기 오염 물질을 24시간 내에 80% 가량 없애 주는 완벽한 효과를 느껴 보세요.

4문단
가습기 역할을 할 수 있는 아레카야자.
암모니아를 흡수[3]하는 관음죽.
벤젠, 포름알데히드를 제거하는 대나무야자.
넓은 잎으로 몸에 좋지 않은 가스를 잘 흡수하는 인도고무나무까지.

5문단
초록빛 식물로 마음도 가뿐,
공기 정화 능력으로 몸도 가뿐.
지금 당장 주문하세요.
주문 전용 전화 070-123-4567
인터넷 쇼핑 www.깨끗한식물.com
5만 원 이상 주문시 안전하게 무료 배송해 드립니다!

주목할 어휘 1 **화학물질** | 화학적 방법으로 사람이 만들어 낸 물질
2 **정화** | 불순하거나 더러운 것을 깨끗하게 함
3 **흡수** | 빨아서 거두어들임

3 다음 지시를 하나씩 읽으며 따라 하세요.

(1) 지문에서 가장 중요한 단어는 무엇일까요?

(2) 지문에서 그 단어를 찾아 다음처럼 ○표 하세요.

> ⟨양반⟩은 조선 시대 지배층을 이루던 신분입니다.

(3) 힌트 1 - 여섯 글자입니다.

(4) 힌트 2 - 공기를 깨끗하게 하는 식물을 부르는 말입니다.

(5) 찾은 단어를 쓰세요.

. . . .

4 이 글은 어떤 문제를 해결하는 방법에 대해 광고하고 있습니다. 그 문제가 <u>아닌</u> 것을 고르세요. (   )

문제

. . . .

해결 공기를 깨끗하게 해 주는 공기 정화 식물을 두세요!

① 미세 먼지가 우리 몸에 염증을 일으킨다.

② 꽃가루가 알레르기를 일으킨다.

③ 자동차에서 매연이 나온다.

④ 미국 항공 우주국 나사(NASA)가 선택했다.

5 공기 정화 식물의 이름과 역할을 찾아 다음 표에 정리하세요.

아레카야자	
	암모니아를 흡수한다.
대나무야자	
	넓은 잎으로 몸에 좋지 않은 가스를 잘 흡수한다.

읽기 후
쓰기

6 다음 지시에 따라 식물 기르기의 효과를 정리하세요.

(1) 식물 기르기에는 또 어떤 효과가 있을지 생각해 보세요.

(2) 인터넷에서 '식물 기르기의 효과'로 검색해 보세요.

(3) 알게 된 식물 기르기의 효과를 쓰세요.

•

7 한류의 경제적 영향

1 다음 지시에 따라 문화에 대해 생각해 보세요.

(1) 문화란 노래, 춤, 영화, 미술, 공연 등 보고 듣고 즐길 거리를 말합니다.

(2) 여러분이 좋아하는 문화를 아래의 빈칸에 쓰세요.

(3) 가수 이름, 영화나 만화의 제목 등을 쓰면 됩니다.

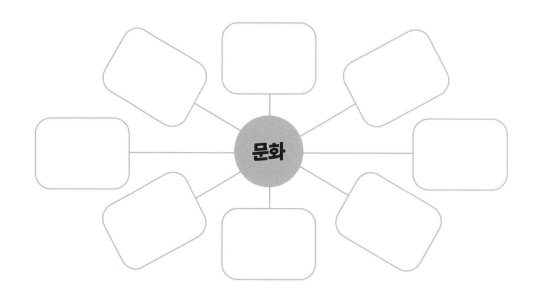

2 다음 지시에 따라 지문을 읽으세요.

(1) 지문을 읽을 때 한 문장을 읽은 후 멈춥니다.

이해하지 못한 채 넘어가는 문장이 없도록 하세요.

(2) 방금 읽은 문장을 이해했는지 생각해 봅니다.

(3) 이해하지 못했다면 다시 읽고 생각해 봅니다.

(4) 이해했다면 다음 문장으로 넘어갑니다.

(5) 이런 방법으로 끝까지 읽습니다.

한류의 경제적 영향

1문단 '한류'라는 말을 들어 본 적 있나요? ㉠이것은 가요, 드라마, 영화 등 우리나라 대중문화[1]가 외국에서 큰 인기를 끄는 현상[2]을 말해요. 특히 아이돌 그룹과 드라마의 인기가 엄청나지요.

2문단 '한류'라는 말은 1990년대, 우리나라 드라마와 가요가 중국에서 크게 인기를 얻으면서 처음 생겨났어요. 한류는 '한국의 물결'이라는 뜻으로, 한국 문화가 파도처럼 넘실거리며 퍼져간다는 모습을 표현하고 있어요.

3문단 한류는 이제 중국을 넘어 전 세계적 현상이 되었습니다. 전 세계에서 한국의 여러 방송 프로그램과 이와 관련된 상품들이 ㉡불티나게 팔려 나가고 있어요. 음식, 패션, 화장품, 전자 기기, 자동차 등 한류 스타들이 텔레비전 화면 속에서 사용하는 모든 ㉢것에 관심이 뜨거워진 덕분입니다.

4문단 한류는 우리나라 경제[3]에 여러모로 큰 도움이 되고 있습니다. 앞서 말했듯이 한국 물건이 잘 팔리기도 하지만 한국을 찾는 관광객의 수도 늘어나고 있기 때문입니다. 잠깐 방문하는 관광객뿐 아니라 한국어를 배우거나 한국으로 유학을 오는 외국인들도 늘어났지요.

주목할 어휘 **1 대중문화** | 보통의 많은 사람들이 즐기는 음악, 공연 등의 즐길 거리
2 현상 | 나타나 보이는 현재의 상태
3 경제 | 인간 생활에 필요한 물품을 만들고 쓰는 모든 활동

읽기 후
독해

3 1문단에서 ⑦이것이 뜻하는 것으로 바른 것을 고르세요. (   )

① 한류

② 가요

③ 대중문화

④ 아이돌 그룹

⑤ 인기

'이것'은 앞에서 먼저
나온 어떤 단어를
다시 말할 때
사용됩니다.

읽기 후
어휘

4 다음 지시에 따라 3문단 ⓒ불티나게의 뜻을 짐작해 보세요.

(1) 먼저 앞뒤 내용을 다시 한번 살펴보세요.

(2) ⓒ불티나게 대신에 다음 보기를 대신 넣어서 읽으세요.

> **보기**
>
> ① 매우 빠르게 ② 매우 더디게 ③ 매우 이상하게 ④ 매우 평범하게

(3) 가장 적절해 보이는 것은 무엇인가요? (   )

(4) 왜 그렇게 생각하나요?

....

읽기 후
어휘

5 다음 지시에 따라 3문단의 ⓒ것 대신에 쓸 수 있는 말을 찾아보세요.

(1) 글을 쓸 때는 '것'이라는 단어를 되도록 적게 쓰는 편이 좋습니다.

(2) 다음 문장에서 ⓒ것 대신에 어떤 말을 사용하면 좋을지 떠올려 보세요.

음식, 패션, 화장품, 전자 제품, 자동차 등 한류 스타들이 텔레비전 화면 속에서 사용하는 모든 ⓒ것에 관심이 뜨거워진 덕분입니다.

(3) ⓒ것이 무엇을 뜻하는지 다음 보기를 대신 넣어 읽으세요.

보기
① 화장품　　　② 한류　　　③ 제품　　　④ 우리나라

(4) 위의 보기 중 무엇이 가장 말이 된다고 생각하나요? (　　　　)

읽기 후
쓰기

6 **다음 지시에 따라 여러분이 좋아하는 문화를 설명하세요.**

(1) 여러분이 가장 좋아하는 문화 하나를 떠올려 보세요.

(2) 아이돌 가수, 노래, 캐릭터, 게임, 영화 등 무엇이든 가능합니다.

> 예시 캐치티니핑, 포켓몬스터, 뉴진스, 아이브, 마인크래프트

(3) 내가 좋아하는 문화가 무엇인지와 그것을 좋아하는 이유를 글로 설명하세요.

....

....

....

....

8 멀쩡한 편도선을 잘라 내는 이유

읽기 전
배경지식

1 다음의 신체 부위를 우리 몸의 알맞은 위치와 연결하세요.

안구 •

폐 •

식도 •

혀 •

• 위

• 심장

• 방광

• 편도선

읽기 중
이해 전략

글에서 설명하는
것을 실제로
이해하려고
노력해야 합니다.

2 다음 지시에 따라 편도선을 찾아보세요.

(1) 1문단에서는 우리 입안에 있는 편도선에 대해 설명합니다.

(2) 1문단을 읽은 후 거울을 준비하세요.

(3) 여러분 입안에 있는 편도선을 찾아보세요.

(4) 다음 그림에서 편도선을 찾아 ○표 하세요.

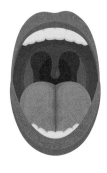

멀쩡한 편도선을 잘라 내는 이유

1문단

거울을 열고 입을 크게 벌려 보세요. 목구멍 양쪽에 둥그렇게 솟은 혹 같은 것이 보이나요? 이게 바로 편도선이에요. 그런데 초등학교 저학년 때쯤 편도선을 잘라 내는 수술[1]을 하는 친구들이 가끔 있어요. 고장 나거나 못 쓰게 된 것도 아닌데 멀쩡한 기관[2]을 이렇게 잘라 내는 이유는 무엇일까요?

2문단

편도선에는 우리 몸에 들어온 바이러스나 병균을 막아 주는 백혈구[3]들이 모여 있어요. 우리가 감기에 걸리면 편도선에 더 많은 백혈구들이 모이고 활발하게 활동하면서 평소보다 붓게 되지요. 문제는 편도선이 목구멍에 있기 때문에 부으면 목이 아프고 음식을 먹기 힘들어진다는 거예요. 감기 자체보다는 편도선이 붓는 것 때문에 더 고생을 하게 되는 셈이지요.

3문단

7~8세 정도 되면 우리 몸은 병균이나 바이러스로부터 몸을 지킬 수 있는 다양한 방법을 갖추게 되어서 편도선이 꼭 필요하진 않아요. 그래서 의사 선생님들은 약한 감기에도 편도선이 잘 붓는 환자들에게 편도선 수술을 권하는 거예요. 그래서 편도선을 자른다고 해서 걱정할 필요는 없답니다.

주목할 어휘

1 **수술** | 우리 몸을 째거나 자르는 등의 방법으로 병을 고치는 일

2 **기관** | 생명체 몸 속에서 일정한 기능을 하는 부분

3 **백혈구** | 피 안에 있는 성분 가운데 하나

3 다음 지시에 따라 여러분의 경험을 떠올려 보세요.

(1) 사람마다 감기에 걸렸을 때 나타나는 증상이 다릅니다.

(2) 편도선이 부으면 나타나는 증상에는 무엇이 있나요?

• ....

....

....

(3) 여러분은 감기에 걸리면 주로 어떤 증상을 겪나요?

....

....

4 다음 그림을 보고 편도선이 부으면 무엇이 어떻게 달라지는지 설명하세요.

....

....

....

....

....

....

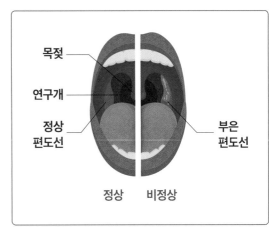

5 편도선에 대한 다음 설명 중 올바른 것을 고르세요. (   )

① 목구멍 한쪽에 둥그렇게 솟은 혹 같은 모양이다.

② 초등 저학년 때 잘라 내는 수술을 받기도 한다.

③ 바이러스와 병균을 막아 주는 적혈구가 모여 있다.

④ 감기에 걸리면 평소보다 줄어들게 된다.

⑤ 7~8세가 넘어가면 반드시 잘라 내야 한다.

읽기 후
질문

6 '편도선'과 '왜'라는 두 단어로 다양한 질문을 만들어 보세요.

말이 안 되는 이상한
질문도 일단 만들어
보세요.

- 편도선은 왜 부을까?

- 왜 편도선은

9 세계적인 디자이너, 코코 샤넬

인문 사회 / 전기문

읽기 전
질문

1 제목을 보고 다음 지시에 따라 질문해 보세요.

어떤 질문이든
좋습니다.
자유롭게 상상하고
질문해 보세요.

(1) 이번 글의 제목은 '세계적인 디자이너, 코코 샤넬'입니다.

(2) 이 제목을 통해 어떤 질문을 할 수 있을까요?

(3) 여러분의 질문을 3가지 이상 쓰세요.

• _____

_____

_____

_____

읽기 중
이해 전략

2 다음 지시에 따라 지문을 읽으세요.

(1) 글을 읽다 보면 기억하고 싶은 부분이 있습니다.

(2) 중요해 보이는 내용이 있을 때도 있습니다.

(3) 이럴 때는 밑줄을 긋거나 ◯로 표시를 해 두면 좋습니다.

(4) 지문을 읽으면서 필요한 부분에 표시를 하세요.

세계적인 디자이너, 코코 샤넬

1문단 세계적인 패션 디자이너, 가브리엘 샤넬. 그녀는 1883년 프랑스의 가난한 집에서 태어났다. 샤넬이 열한 살 때 어머니는 세상을 떠났고, 아버지는 그녀를 고아원에 맡겼다. 그곳에서 수녀들에게 바느질을 배웠는데 그 덕분에 나중에 재단사[1]로 일할 수 있었다. 밤에는 카페에서 노래를 부르는 일도 했다. 이때 코코 샤넬이라는 애칭[2]을 얻었다.

2문단 샤넬은 남자 친구를 따라 승마[3]를 배웠다. 그런데 치마를 입고 한쪽으로 다리를 모은 채 말을 타는 것이 불편하다고 느꼈다. 그래서 남성용 승마 바지와 똑같이 생긴 여성용 승마 바지를 맞춰 입었다. 지금은 여자가 바지를 입는 일이 너무나 당연하지만 당시로서는 매우 놀라운 일이었다.

3문단 이처럼 샤넬은 유행을 좇지 않고 시대를 앞서 나가는 모습을 꾸준히 보여 주었다. 크고 화려한 모자를 쓰던 시절에 단순한 디자인의 모자를 만들고, 장례식에서나 입던 검은색 옷을 파티복으로 만들기도 했다. 이런 새로운 시도는 사람들에게 많은 사랑을 받았다. 이후 모자와 옷뿐 아니라, 향수, 장신구 등도 만들어 세계적인 명성을 얻게 되었다.

주목할 어휘
1 **재단사** | 옷을 마름질하는 것을 직업으로 하는 사람
2 **애칭** | 본래 이름 외에 친근하고 다정하게 부를 때 쓰는 이름
3 **승마** | 말을 타는 운동

3 다음 지시에 따라 어휘를 학습하세요.

(1) 고아원은 부모가 없는 아이들을 모아서 기르고 가르치는 곳입니다.

(2) 여기서 '원'은 어떤 장소나 공간을 뜻합니다.

(3) 다음 글자 뒤에 '원'을 붙여 단어를 만들어 보세요.

병............   **학**............   **법**............

(4) 만들어진 단어가 어떤 곳인지 설명하세요.

(5) 모른다면 사전에서 찾아보세요.

4 샤넬에 대한 다음 설명 중 옳은 것을 고르세요. (　　　)

① 매우 부유한 가정에서 태어났다.

② 노래에 재능이 많아 유명한 가수가 되었다.

③ 본명은 코코 샤넬로 가브리엘 샤넬이라는 애칭도 있다.

④ 남자 친구를 따라 양궁을 배웠다.

⑤ 모자, 옷, 향수, 장신구 등을 만들었다.

5 **다음 지시에 따라 문단의 주제를 찾으세요.**

(1) 글에는 줄을 바꿈에 따라 바뀌는 '문단'이 있습니다.

(2) 문단은 각각 서로 다른 주제를 가지고 있습니다.

(3) 다음은 몇 문단에 관한 설명인지 쓰세요.

편견을 깬 샤넬의 시도를 설명하고 있다.	문단
샤넬의 다양한 디자인 업적을 설명하고 있다.	문단
샤넬의 성장 배경을 설명하고 있다.	문단

6 **다음 지시에 따라 글을 쓰세요.**

(1) 지금 우리 주변의 모습은 단지 지금의 모습일 뿐입니다.

(2) 코코 샤넬이 바꾼 것처럼 누군가가 더 좋은 것으로 바꾼다면 언제든지 바뀔 수 있습니다.

(3) 여러분은 우리 주변에서 무엇을 바꾸고 싶나요?

나는 .... 을 바꾸고 싶다.

만약 이것을 바꾸게 된다면 ....

....

....

....

1 알고 있는 악기의 이름을 10개 이상 쓰세요.

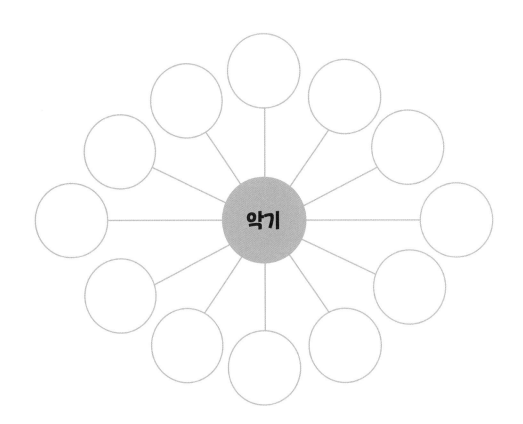

악기

2 다음 지시에 따라 핵심 단어를 찾아보세요.

(1) 글에는 다른 단어보다 더 중요한 단어가 있습니다.

(2) 이를 핵심 단어라고 합니다.

(3) 글을 읽으면서 핵심 단어를 찾아보세요.

(4) 개수는 하나일 수도 있고 더 많을 수도 있습니다.

(5) 찾은 핵심 단어에는 [ ] 로 표시하세요.

다양한 악기의 종류

1문단

따따따 따따따 주먹 손으로
따따따 따따따 나팔 붑니다
우리들은 어린 음악대[1]
동네 안에 제일 가지요

쿵작작 쿵작작 둥근 차돌로
쿵작작 쿵작작 북을 칩니다
구경꾼은 모여드는데
어른들은 하나 없지요

2문단

혹시 윗글이 무엇인지 눈치챘나요? 바로 '어린 음악대'의 노랫말입니다. 노랫말을 보면 나팔은 '불고' 북은 '친다'는 사실을 알 수 있는데요. 이렇게 악기는 종류에 따라 연주하는 방법이 다양합니다.

3문단

먼저 입으로 바람을 불어 연주하는 관악기가 있어요. 관악기는 빨대처럼 속이 텅 비어 있다는 특징[2]이 있지요. 여러분이 학교에서 자주 연주하는 리코더나 클라리넷, 단소 등이 모두 관악기에 해당합니다.

4문단

다음으로는 두드리거나 쳐서 소리를 내는 타악기가 있어요. 타악기는 두드릴 수 있는 면이 있다는 특징이 있어요. 북, 트라이앵글, 장구 등이 타악기입니다.

5문단

마지막으로 줄을 튕겨서[3] 소리를 내는 현악기가 있어요. 현악기는 다양한 도구로 튕길 수 있는 줄이 있어요. 기타, 바이올린, 첼로 등이 모두 현악기입니다.

주목할 어휘 1 **음악대** | 음악을 연주하는 단체
2 **특징** | 다른 것에 비하여 특별히 눈에 띄는 점
3 **튕기다** | 기타, 하프 따위의 줄을 당겼다 놓아 소리가 나게 함

3 다음 글자에 숨어 있는 뜻으로 알맞은 것을 찾아 선으로 연결하세요.

관악기의 (관) •   • 때리다

타악기의 (타) •   • 몸 둘레가 둥글고
                                       속이 비어 있는 물건

현악기의 (현) •   • 끈이나 줄

4 다음 중 지문에 대한 설명이 맞으면 ○, 아니면 X를 표시하세요.

① 관악기에 대해서만 설명하고 있다. (   )
② 악기의 종류를 서로 비교해서 설명하고 있다. (   )
③ 다섯 종류의 악기에 대해 알 수 있다. (   )

5 다음 빈칸에 알맞은 내용을 쓰세요.

악기의 종류

관악기   타악기

줄을 튕겨서
소리를 내는 악기

6 다음 사진에 나오는 악기가 관악기, 타악기, 현악기 중 무엇인지 쓰세요.

11

감기를 예방하려면

콩나물쌤의 강의 영상

과학기술 실용문

읽기 전
배경지식

정답을 몰라도 그냥 추측해 보는 겁니다.

1 **다음 지시에 따라 문제를 해결하세요.**

(1) 다음을 읽고 내용이 진실일지 거짓일지 생각해 보세요.

	진실	거짓
감기는 정확한 치료법이 있다.		
양치는 감기 예방에 도움이 되지 않는다.		
목이 마르지 않도록 물을 마시는 것이 감기 예방에 도움이 된다.		

(2) 지문을 읽으며 위 내용이 사실인지 확인해 보세요.

읽기 중
이해 전략

2문단을 읽으면서 지시를 다시 한번 확인하세요.

2 **다음 지시를 모두 읽은 후 하나씩 따라 하세요.**

(1) 2문단에는 감기를 예방하기 위한 행동과 그 이유가 있습니다.

(2) 감기를 예방하기 위한 행동을 찾으세요.

(3) 행동을 찾았다면 ○로 표시하세요.

(4) 그 행동을 해야 하는 이유를 찾아보세요.

(5) 이유에는 밑줄을 그으세요.

감기를 예방하려면

1문단 밤과 낮의 기온 차이가 큰 환절기[1]가 왔습니다. 감기는 환절기에 흔하게 걸리고 전염성[2]이 높지만, 예방주사나 특별한 치료법이 없어 생활 속 예방이 제일 중요한 병입니다. 아래의 감기 예방법을 읽고 최대한 감기에 걸리지 않도록 노력하고, 일단 감기에 걸린 후에는 다른 친구들에게 전염시키지 않도록 조심합니다.

2문단

가정통신문

① 손을 자주 씻으세요. 비누를 이용해 흐르는 물에 30초 이상 씻으면 손에 있는 세균 대부분을 없앨 수 있습니다.

② 어린이는 어른에 비해 감기 바이러스에 약하므로, 극장, 실내 놀이터 등 사람이 많이 모인 장소에는 가지 않습니다.

③ 물을 많이 마셔서 코와 목을 건조하지 않게 하면 감기에 걸릴 확률[3]이 낮아집니다.

④ 바깥 기온이 급격히 변하기 때문에, 체온을 유지하기 쉽게 얇은 겉옷을 준비해 두었다가 필요할 때마다 입는 것이 좋습니다.

⑤ 외출 후 양치질을 하면 목감기 예방에 도움이 됩니다.

⑥ 기침이나 콧물, 두통 등의 감기 증세가 있을 경우 마스크를 쓰고, 기침이 나오면 옷소매 등으로 가려 침이 튀지 않도록 합니다.

주목할 어휘

1 **환절기** | 절기가 바뀌는 시기

2 **전염성** | 남에게 옮아가는 성질

3 **확률** | 어떤 일이 일어날 가능성의 정도

3 다음 중 환절기에 대한 설명이 <u>아닌</u> 것을 고르세요. (   )

① 밤과 낮의 기온 차이가 크다.

② 감기에 흔히 걸린다.

③ 예방주사나 특별한 치료법이 없다.

④ 감기에 걸리지 않도록 노력해야 한다.

⑤ 감기가 걸리면 전염성이 높다.

4 다음 지시에 따라 복잡한 문장을 간단히 정리하세요.

(1) 다음 문장을 읽으세요.

복잡한 문장도
이렇게 나누면 쉽게
이해할 수 있어요.

> 감기는 환절기에 흔하게 걸리고 전염성이 높지만, 예방주사나 특별한 치료법이 없어 생활 속 예방이 제일 중요한 병입니다.

(2) 위 문장은 3개의 문장으로 나눌 수 있습니다.

(3) /을 이용하여 위 문장을 3 부분으로 나누어 보세요.

(4) 3개로 나눈 문장을 아래에 쓰세요.

1	감기는 환절기에 흔하게 걸리고 전염성이 높습니다.
2	
3	

5 감기에 걸리지 않기 위한 행동 요령과 그 이유를 다음 표에 정리하세요.

	행동 요령	이유
1		손에 있는 세균 대부분을 없앨 수 있습니다.
2	사람이 많이 모인 장소에는 가지 않습니다.	
3		코와 목을 건조하지 않게 하면 감기에 걸릴 확률이 낮아집니다.
4	얇은 겉옷을 준비해 두었다가 필요할 때마다 입으세요.	
5		목감기 예방에 도움이 됩니다.
6	마스크를 쓰고, 기침이 나오면 옷소매 등으로 가리세요.	

6 다음 지시에 따라 감기를 예방하는 방법 6가지를 설명하세요.

(1) 문제 5번에서 정리한 내용을 다시 한번 읽으세요.

(2) 다시 한번 읽을 때는 설명하기 위해 준비한다는 점을 기억하세요.

(3) 책을 덮고 보지 않은 상태에서 설명해 봅니다.

(4) 기억이 나는 부분을 먼저 설명합니다.

(5) 기억이 나지 않는 부분은 지문에서 다시 확인합니다.

(6) 확인 후 책을 덮고 다시 설명합니다.

12

유관순 열사

읽기 전
어휘

1 지시에 따라 다음 단어의 뜻을 짐작해 보세요.

(1) 다음은 모두 지문에 나오는 어려운 단어입니다.

(2) 단어는 한자 두 개가 만나서 만들어졌습니다.

(3) 한자를 통해서 그 의미를 짐작해 보세요.

(4) 짐작한 의미와 가장 가까운 의미를 선으로 연결하세요.

한자의 뜻을
연결해 보세요.

열　사
烈　士
굳셀 열　선비 사　•

순　국
殉　國
목숨 바칠 순　나라 국　•

고　문
拷　問
때릴 고　물을 문　•

•　육체적, 정신적 고통을
주어 신문함

•　나라에 충성을 다하여
싸운 사람

•　나라를 위하여 목숨을
바침

읽기 중
이해 전략

2 다음 지시에 따라 지문을 읽으세요.

(1) 이번 지문에 나오는 단어는 조금 어려운 편입니다.

(2) 연필을 들고 읽다가 어려운 단어가 있으면 모두 ○표 합니다.

(3) 문제 1번에서 나온 단어 역시 모두 ○표 합니다.

(4) ○표 한 단어의 의미를 한번 더 생각해 보며 읽습니다.

유관순 열사

1문단　　유관순 열사 유적지에 다녀왔다. 유관순 열사가 태어나서 자란 집, 다니던 교회, 기념관, 추모각, 초혼묘, 봉화대 등을 둘레길을 따라 걸으며 둘러볼 수 있었다.

2문단　　유관순 열사는 1902년 천안에서 태어났다. 1919년 3·1 만세 운동으로 붙잡혔다가 풀려난 뒤, 4월 1일에는 수천 명이 참여한 아우내 독립 만세 운동을 이끌었다. 이날 유관순 열사의 부모를 포함해 19명이 목숨을 잃었고, 30여 명이 큰 부상을 당했다. 유관순 열사는 만세 운동의 주도자[1]로 붙잡혀 서대문 형무소에 수감[2]되었다. 감옥에서도 옥중[3] 만세 운동을 벌이다가 심한 고문을 당했다. 결국 1920년 18세의 나이로 순국하였다.

3문단　　유관순 열사에 대해서는 꽤 잘 알고 있다고 생각했는데, 막상 유관순 열사의 집과 독립운동이 벌어졌던 곳을 직접 보니 눈물이 날 것 같았다. 고등학생쯤 되는 나이에, 어떻게 그런 용기와 애국심을 가질 수 있었을까? 무서운 고문에도 끝내 뜻을 굽히지 않은 유관순 열사. 우리나라 사람이라면 모두 기억해야 한다. 유관순 열사를 비롯한 독립운동가들의 희생 덕분에 지금 우리나라도 있는 것이니까.

주목할 어휘
1 **주도자** | 어떤 일을 이끄는 사람
2 **수감** | 사람을 교도소에 가두어 넣음
3 **옥중** | 감옥 안

3 다음 지시에 따라 '국'이 들어간 단어를 살펴봅시다.

(1) '국(國)'에는 '나라'라는 뜻이 있습니다.

(2) '나라'라는 뜻이 아닌 다른 뜻을 가진 '국'도 있습니다.

의미에 나라가
들어가지 않는
단어를 찾아보세요.

(3) 다음 단어 중 '국'이 '나라'라는 뜻으로 쓰였으면 ○표, 다른 뜻으로 쓰였으면 ╳표 하세요.

단어	의미	나라 국
순국	나라를 위하여 목숨을 바침	○
국민	국가를 구성하는 사람	
약국	약사가 약을 파는 곳	
전국	온 나라	
조국	조상 때부터 대대로 살던 나라	
방송국	여러 방송을 내보내는 기관	

4 다음 지시를 모두 읽은 후 하나씩 따라 하세요.

(1) 다음 글을 읽으세요.

독립운동가는 크게 의사와 열사로 구분합니다. 의사는 총, 칼, 폭탄 등을 이용해 무력으로 싸운 분을 뜻합니다. 반면 열사는 무기 없이 맨몸으로 저항하신 분을 뜻합니다. 그래서 안중근과 윤봉길은 의사로, 유관순과 이준은 열사로 불립니다.

(2) 다음 그림을 보고 의사와 열사로 구분하여 쓰세요.

 5 **2문단을 참고하여 유관순 열사가 한 일을 다음 표에 정리하세요.**

읽기 후
그래픽 조직자

시기	한 일
	천안에서 태어남
	3·1 만세 운동을 벌임
1919년 4월 1일	
1919년	옥중 만세 운동을 벌임
1920년	

 6 **다음 지시에 따라 여러분이 3문단을 쓰세요.**

읽기 후
쓰기

(1) 3문단은 유관순 열사에 대한 글쓴이의 생각입니다.

(2) 여러분이 3문단을 쓴다면 어떤 내용을 쓰고 싶나요?

(3) 유관순 열사와 독립운동가에 대한 여러분만의 생각과 느낌을 쓰세요.

13 ◁ 서로 다른 계절에 피는 꽃

과학
기술 · 설명문

읽기 전
어휘

1 다음 지시에 따라 어휘를 학습하세요.

(1) 다음은 글에 나오는 중요한 단어입니다.

그림과 글을
서로 비교하며
생각해 보세요.

(2) 하나씩 읽어 보고 무슨 뜻인지 말로 설명하세요.

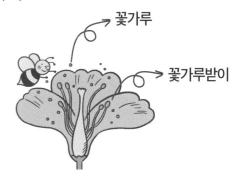

양분	과실나무	꽃가루	꽃가루받이
영양이 되는 성분	열매를 얻기 위하여 가꾸는 나무	꽃의 수술에 있는 가루	꽃가루가 암술 머리에 옮겨 붙는 일

읽기 중
이해 전략

2 다음 지시에 따라 읽은 내용을 정리하세요.

(1) 긴 글은 끝까지 한 번에 읽으면 내용이 잘 기억나지 않을 수 있습니다.

(2) 이럴 때는 문단마다 어떤 내용이었는지 정리하며 읽으면 좋습니다.

(3) 한 문단을 마칠 때마다 읽은 내용을 설명해 봅니다.

(4) 전체를 다 읽은 후 다시 한번 내용을 설명해 봅니다.

서로 다른 계절에 피는 꽃

1문단
꽃은 봄에 필 것 같지만 사실 국화처럼 가을에 피는 꽃도 있고 동백꽃처럼 한겨울에 피는 꽃도 있답니다. 꽃피는 시기가 제각각인 이유는 각기 다른 환경에 적응한 결과인데요. 이런 다양성[1] 덕분에 사람들은 사계절 내내 꽃을 볼 수 있습니다.

2문단
봄에 꽃피우는 식물은 해가 많이 나는 여름 동안 열매를 길러 내야 하는 식물들입니다. 겨울에 모아 둔 양분으로 얼른 꽃을 피우고, 열매를 맺지요. 우리가 아는 많은 과실나무들이 주로 봄에 꽃을 피웁니다.

3문단
여름에 꽃피우는 식물은 새와 곤충이 활발[2]한 시기를 노립니다. 꽃이 특별히 눈에 띄거나 향기롭지 않아도 꽃가루를 옮겨 줄 생물[3]들이 워낙 많아 꽃가루받이에 유리하지요.

4문단
가을에 꽃피우는 식물은 밤의 길이가 길어져야 꽃을 피웁니다. 겨울이 오기 전에 서둘러 꽃가루받이를 해야 하기 때문에 곤충을 부르는 향기가 짙은 경우가 많아요.

5문단
겨울에 피는 꽃은 꽃가루받이를 곤충에게 맡기지 않습니다. 왜냐하면 ㉠ .... 동백꽃의 경우 꽃가루받이를 새에게 맡깁니다. 새는 향기를 잘 맡지 못하기에 동백꽃은 향기가 거의 없습니다. 대신 눈에 잘 띄도록 매우 붉은 색을 띠고 있지요.

주목할 어휘
1 다양성 | 모양, 빛깔, 형태 따위가 여러 가지로 많은 특성
2 활발 | 생기 있고 힘차며 시원스러움
3 생물 | 생명을 가지고 스스로 생활 현상을 하는 동식물과 미생물

| 봄 | 여름 | 가을 | 겨울 |

3 각 계절별로 피는 꽃의 특징을 다음 표에 정리하세요.

지문에서 찾아 하나씩 기록하세요.

봄

여름

꽃

가을

겨울

4 다음 중 이 글에 대한 설명으로 옳지 않은 것을 고르세요. (   )

① 꽃은 봄뿐만 아니라 가을과 겨울에도 핀다.

② 봄에 피는 꽃은 여름 동안 열매를 길러 내는 식물이다.

③ 여름은 새와 곤충이 많아 꽃가루받이에 유리하다.

④ 가을에 피는 꽃은 향기가 짙은 경우가 많다.

⑤ 겨울에 피는 꽃은 주로 곤충에게 꽃가루받이를 맡긴다.

5 다음 지시에 따라 계절별로 피는 꽃을 정리하세요.

(1) 계절별로 피어 있는 꽃을 본 기억을 떠올려 보세요.

(2) 부모님께 여쭈어 보세요.

(3) 인터넷에 봄꽃, 여름꽃, 가을꽃, 겨울꽃으로 검색해 보세요.

봄꽃

- ....

- ....

- ....

여름꽃

- ....

- ....

- ....

가을꽃

- ....

- ....

- ....

겨울꽃

- ....

- ....

- ....

읽기 후
사고력

여름에 그 많던
모기는 다 어디로
갔을지 생각해
보세요.

6 다음 지시에 따라 ㉠에 들어갈 내용을 쓰세요.

(1) 왜 겨울꽃은 곤충에게 꽃가루받이를 맡기지 않을까요?

(2) 5문단을 다시 읽고 생각해 보세요.

(3) ㉠ _____ 에 들어갈 내용을 쓰세요.

....

....

1 다음 지시에 따라 상한 음식에 대한 글을 쓰세요.

(1) 상한 음식을 보거나 먹은 기억을 떠올려 보세요.

(2) 상한 음식을 먹으면 어떻게 되는지 생각해 보세요.

(3) 지금 떠올린 생각들을 글로 정리해 보세요.

2 다음 지시를 모두 읽은 후 하나씩 따라 하세요.

(1) 글을 읽다 보면 순간 다른 생각을 할 때가 있습니다.

(2) 이럴 때는 스스로 딴생각을 하고 있음을 빨리 알아차려야 합니다.

(3) 지문을 읽다 다른 생각이 들면 오른쪽에 ✔ 표를 합니다.

(4) 다 읽은 후 몇 번 다른 생각을 했는지 확인해 보세요.

아직 사용해도 될까요?

1문단   내일은 엄마의 생일이에요. 아빠와 나는 선물을 사기 위해 마트에 다녀왔어요. 우리는 화장품과 영양제를 사기로 했어요. 제품을 고르면서 유통 기한도 꼼꼼히 살펴보았답니다.

2문단   유통 기한은 제품이 만들어진 뒤 시중[1]에서 판매될 수 있는 기한[2]을 말해요. 사람들은 보통 음식을 살 때만 유통 기한을 살펴요. 하지만 약, 화장품 등 우리가 먹고 바르는 모든 제품을 살 때 유통 기한을 확인해야 해요.

3문단   그렇다면 유통 기한이 지나면 그 제품은 절대 사용할 수 없는 걸까요? 그렇지는 않아요. 유통 기한은 판매할 수 있는 기한일 뿐이기 때문이에요. 판매는 할 수 없어도 사용하는 데는 지장이 없을 수 있어요.

4문단   실제로 사용할 수 있는 기한은 소비[3] 기한이라고 해요. 대체로 소비 기한이 유통 기한보다는 조금 더 긴 편이에요. 요즘에는 유통 기한과 소비 기한이 함께 표기되는 경우도 많아요. 유통 기한이 지났지만 사용에 문제 없는 제품들을 버리는 낭비를 막기 위해서지요.

5문단   아빠와 나는 유통 기한과 소비 기한이 넉넉히 남은 제품을 골랐어요. 엄마가 이 영양제와 화장품을 쓰고 더욱 건강하고 예뻐졌으면 좋겠어요.

주목할 어휘 1 **시중** | 사람들이 생활하는 공간
2 **기한** | 미리 한정하여 놓은 시기
3 **소비** | 돈, 시간, 노력 따위를 써서 없앰

3 **다음 지시에 따라 핵심 단어를 찾아보세요.**

(1) 글에는 가장 중요한 단어가 있어요.

(2) 지문에서 가장 중요한 단어 두 개를 찾아 [   ] 로 표시하세요.

(3) 찾은 두 단어를 아래에 쓰세요.

4 **위 글에 대한 설명 중 틀린 것을 고르세요. (   )**

① 유통 기한과 소비 기한은 다르다.

② 보통 유통 기한이 소비 기한보다 긴 편이다.

③ 유통 기한은 판매할 수 있는 기한이다.

④ 소비 기한은 사용해도 안전한 기한이다.

⑤ 화장품을 살 때도 유통 기한을 확인해야 한다.

5 **지시에 따라 다음 문장이 사실인지 의견인지 구분하세요.**

(1) 사실은 실제로 있었거나 현재 있는 일입니다.

(2) 의견은 어떤 대상에 대하여 가지는 생각입니다.

(3) 다음 문장이 사실인지 의견인지 쓰세요.

1	내일은 엄마의 생일이에요.	
2	아빠와 나는 선물을 사기 위해 마트에 다녀왔어요.	사실
3	약, 화장품을 살 때도 유통 기한을 확인해야 해요.	
4	실제로 사용할 수 있는 기한은 소비 기한이라고 해요.	
5	엄마가 이 영양제와 화장품을 쓰고 더욱 건강하고 예뻐졌으면 좋겠어요.	

사고력

6 **다음 지시에 따라 유통 기한과 소비 기한을 찾아보세요.**

(1) 냉장고에 있는 여러 제품의 유통 기한과 소비 기한을 확인하세요.

(2) 확인한 내용을 다음 표에 기록하세요.

	유통 기한	소비 기한
소고기	20XX년 9월 13일	기록 없음

삼원색이 무엇일까?

읽기 전
이해 전략

1 **다음 지시에 따라 가장 기본이 되는 색을 짐작해 보세요.**

(1) 수많은 색 중 가장 기본이 되는 색이 있습니다.

(2) 여러분이 생각하는 기본이 되는 색은 무엇인가요?

(3) 3가지 색을 칠하고 색 이름을 쓰세요.

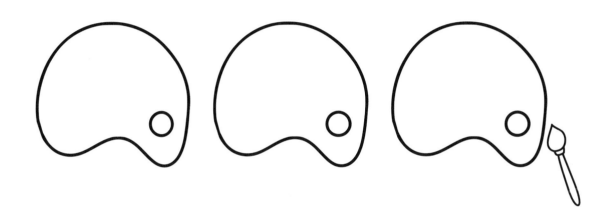

읽기 중
이해 전략

천천히 상상하며
읽어 보세요.

2 **다음 지시에 따라 지문을 읽으세요.**

(1) 글의 내용을 그림으로 표현할 수 있는 경우가 있습니다.

(2) 이럴 때는 실제로 그림을 그려 보면 이해하기 쉬워집니다.

(3) 실제로 그리기 어렵다면 머릿속으로만 그려도 됩니다.

(4) 지문을 읽으면서 그림을 그릴 수 있는 장면을 찾아보세요.

(5) 머릿속으로 그림을 그리면서 지문을 읽으세요.

삼원색이 무엇일까?

1문단 세상에는 다양한 색이 있어요. 일곱 빛깔 무지개의 빨강, 주황, 노랑, 초록, 파랑, 남색, 보라가 대표[1]적이죠. 물론 이외에도 정말 다양한 색이 있습니다. 그런데 그 많은 색 중에서 가장 중심[2]이 되는 색이 세 가지 있어요. 이를 삼원색[3]이라고 합니다.

2문단 색의 삼원색은 바로 빨강, 노랑, 파랑이에요. 이 세 가지 색을 섞으면 거의 모든 색을 만들 수 있어요. 예를 들어 노랑과 빨강을 섞으면 주황이 나오고 빨강과 파랑을 섞으면 보라가 나와요. 노랑과 파랑을 섞으면 초록이 되죠. 빨강, 파랑, 노랑을 한 번에 모두 섞으면 검은색이 돼요. 색은 섞으면 섞을수록 점점 어두운 색이 된답니다.

3문단 빛의 삼원색도 있어요. 물감의 삼원색과 달리 빨강, 초록, 파랑을 말합니다. 스마트폰이나 TV 화면의 다양한 색은 모두 빛의 삼원색을 통해 만들어져요. 화면에서 표현하려는 색을 삼원색을 섞음으로써 나타내는 거랍니다. 재미있는 것은 빛의 삼원색은 물감의 삼원색과 반대로, 섞으면 섞을수록 밝아져요. 빛의 삼원색을 모두 섞으면 결국 흰빛이 된답니다.

주목할 어휘
1 **대표** | 전체의 상태나 성질을 하나로 나타내는 것
2 **중심** | 사물의 한가운데
3 **삼원색** | 바탕이 되는 세 가지 색

읽기 후

사고력

색연필이 없으면 색 이름을 쓰세요.

3 다음 지시에 따라 다음을 색칠하세요.

(1) 색의 삼원색을 ①, ②, ③에 표현하세요.

(2) 2가지 색을 섞으면 나오는 색을 ④, ⑤, ⑥에 표현하세요.

(3) 3가지 색을 모두 섞으면 나오는 색을 ⑦에 표현하세요.

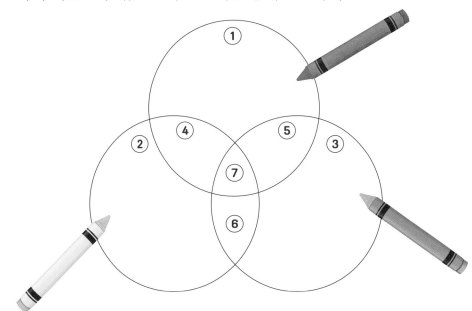

읽기 후

사고력

빛을 섞었을 때 나오는 색은 글에 정확히 나오지 않아요. 스스로 상상해 보세요.

4 다음 지시에 따라 다음을 색칠하세요.

(1) 빛의 삼원색을 ①, ②, ③에 표현하세요.

(2) 2가지 빛을 섞으면 나오는 색을 ④, ⑤, ⑥에 표현하세요.

(3) 3가지 빛을 모두 섞으면 나오는 색을 ⑦에 표현하세요.

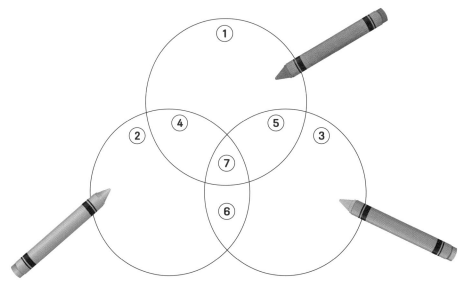

5 다음 지시에 따라 관련 정보를 더 찾아보세요.

(1) 글에 나오지 않는 내용이 궁금하면 인터넷 검색을 해 보면 좋습니다.

(2) 인터넷 포털(예 네이버)에 접속하여 빛의 삼원색을 검색하세요.

(3) 빛의 삼원색에서 두 가지 색을 섞으면 어떤 색이 나오는지 확인하고 쓰세요.

① 빨강 + 초록 =

....

② 초록 + 파랑 =

....

③ 파랑 + 빨강 =

....

(4) 여러분이 4번 문제에서 생각한 것과 같은가요? 다른가요?

6 이 글을 읽고 알게 된 사실을 최대한 많이 쓰세요.

•

1 다음 지시에 따라 지문을 살펴보세요.

(1) 스마트폰에 있는 타이머로 10초를 맞춥니다.

(2) 주어진 10초 동안 지문을 빠르게 살펴봅니다.

(3) 자세히 읽는 것이 아니라 매우 간단하게 살펴봅니다.

(4) 타이머가 울리면 살펴본 것 중에서 기억나는 것을 쓰세요.

2 다음 지시에 따라 지문을 읽으세요.

(1) 글을 읽을 때는 중간중간 적절히 쉬어 가며 읽어야 합니다.

(2) 문장이 바뀌거나 의미가 바뀔 때 쉬어 주면 됩니다.

(3) 지문에서는 쉬어 줄 곳에 /표가 되어 있습니다.

(4) 표시된 곳에서 쉬어 주면서 지문을 읽으세요.

(5) 쉬어 읽는 방법은 사람마다 다르므로 조금 다르게 읽어도 괜찮습니다.

사라질 위기에 처한 투발루

1문단 남태평양의 작고 아름다운 섬나라, 투발루. / 투발루는 조만간[1] 영원히 / 사라질 위기에 처했다고 합니다. / 투발루는 어쩌다 / 사라질 위기에 처했을까요? /

2문단 투발루가 사라질 위기에 처한 이유는 / 섬 전체가 점점 바닷속으로 잠기고 있기 때문입니다. / 이는 바닷물의 높이가 / 점점 높아지기 때문이기도 하지요. / 그렇다면 바닷물은 왜 높아지고 있을까요? / 바로 지구온난화 때문입니다. /

3문단 지구온난화란 / 우리가 사는 지구의 지표면[2] 온도가 / 점점 올라가는 것을 말합니다. / 공장에서 기계를 돌릴 때 / 그리고 자동차를 탈 때 / 우리는 석탄과 석유를 사용합니다. / 그런데 이 석탄과 석유가 타면서 / 다양한 가스를 내뿜습니다. / 이 가스들은 하늘로 올라가 / 지구 주변을 둥글게 감싸게 됩니다. / 그러면 태양에서 날아온 빛과 열이 / 지구 밖으로 빠져나가지 못해 / 점점 더 온도가 올라가게 되고요. /

4문단 이렇게 지구가 뜨거워지면 / 빙하[3]가 녹기 시작합니다. / 빙하가 녹으면서 바닷물의 높이가 높아지게 되고 / 결국 땅이 낮고 평평한 투발루와 같은 섬나라는 / 쉽게 물에 잠기게 되는 것입니다. /

주목할 어휘
1 **조만간** | 앞으로 곧
2 **지표면** | 지구의 표면
3 **빙하** | 오랜 기간 쌓인 눈이 변한 얼음덩어리

3 다음 중 지문에서 가장 중요한 단어 하나를 고르세요. (   )

결국 무엇에 대해
이야기하려는 건지
생각해 보세요.

① 남태평양

② 섬나라

③ 지구온난화

④ 빙하

⑤ 바닷물

그래픽 조직자

4 투발루가 사라질 위기에 처한 이유를 순서에 맞게 정리하세요.

> 보기
>
> ① 섬 전체가 점점 바닷속으로 잠김
> ② 바닷물의 높이가 점점 높아짐
> ③ 지구 온난화가 일어남

맨 밑에서부터
거꾸로 찾아 올라가
보세요.

↓

↓

↓

투발루가 사라질 위기

5 지구온난화가 일어나는 이유를 순서에 맞게 정리하세요.

보기

① 가스가 지구를 둘러쌈
② 태양열이 지구 밖으로 빠져나가지 못함
③ 기계를 사용하고 자동차를 탐
④ 석탄과 석유에서 다양한 가스가 나옴

↓

↓

↓

↓

지구온난화 발생

6 투발루가 사라지고 있는 이유를 말로 설명해 보고, 글로 쓰세요.

17 바람에도 이름이 있어요

인문
사회 설명문

읽기 전
이해 전략

이름에서 성격을
추측해 보세요.

1 다음 지시에 따라 바람의 성격을 예측해 보세요.

(1) 아래 표에 나오는 바람의 이름을 소리 내어 읽으세요.

(2) 바람의 이름으로 볼 때 각 바람은 어떤 특징이 있을 것 같나요?

(3) 예상되는 바람의 특징을 쓰세요.

바람의 이름	바람의 성격
샛바람	
된바람	
황소바람	
돌개바람	

읽기 중
이해 전략

2 다음 지시에 따라 글에 나오는 바람의 이름을 찾아봅시다.

(1) 지문에는 다양한 바람의 이름이 나옵니다.

(2) 연필을 들고 글을 읽습니다.

(3) 바람의 이름이 나오면 ○표 합니다.

(4) 찾은 바람의 성격은 어떠한지 설명을 다시 한번 읽어 봅니다.

바람에도 이름이 있어요

1문단　시원하게 불어오는 바람은 더위를 식혀 주고 기분까지 상쾌하게 만들어 줍니다. 그런데 이런 바람에도 다양한 이름이 있다는 것을 알고 있나요?

2문단　동쪽에서 불어오는 봄바람은 샛바람이라고도 불러요. 동쪽에서 해가 떠오르며 날이 밝아 오는 것을 '날이 새다[1]'라고 하는데요. 여기서 '새'를 따서 붙인 이름이에요. 서풍은 서쪽을 뜻하는 '하늬'를 붙여 하늬바람이라고 해요. 가을바람이란 뜻으로 갈바람이라고도 하지요.

3문단　마주 보는 바람이라는 뜻의 마파람은 여름날 남쪽에서 불어와요. 우리나라는 예로부터[2] 남쪽으로 집을 지었어요. 이런 집에 앉아 있으면 마주 보는 방향에서 불어와 마파람이라고 불렀어요. 북풍은 된바람이에요. 된바람은 되게 분다, 즉 세게 분다는 뜻이에요. 겨울바람은 매섭고[3] 세게 부니까요. 높은 데서 불어온다고 해서 높바람이라고도 해요.

4문단　그밖에도 다양한 바람 이름이 있어요. 추운 초봄에 불어 살에 닿으면 소름이 돋는 소소리바람. 겨울에 좁은 문틈 사이로 고집 센 황소처럼 기어코 들어오는 황소바람. 봄부터 초여름까지 태백산맥을 넘어 부는 높새바람. 갑자기 뱅글뱅글 돌면서 일어나는 돌개바람. 바람의 이름도 참 다양하지요?

주목할 어휘　**1 새다** | 날이 밝아 오다
　　　　　　　2 예로부터 | 아주 먼 과거부터
　　　　　　　3 매섭다 | 기세가 매몰차고 날카롭다

3 계절별 바람의 이름과 바람이 불어오는 방향을 다음 표에 정리하세요.

그래픽 조직자

 지문에서 정보를 찾아 표시하며 읽어 보세요.

계절	바람의 이름	불어오는 방향
봄		동쪽
여름	마파람	
가을		서쪽
겨울	된바람	

 4 다음은 4문단에 나오는 다양한 바람을 정리한 표입니다. 빈칸을 채워 완성하고 선으로 연결하세요.

그래픽 조직자

이름   특징

소소리바람 •

• 추운 초봄에 불어 살에 닿으면 소름이 돋는 바람

높새바람 •

• 갑자기 뱅글뱅글 돌면서 일어나는 바람

돌개바람 •

5 **다음 지시에 따라 표를 완성하세요.**

(1) 지문에서 설명한 바람은 다음처럼 두 종류로 나눌 수 있습니다.

불어오는 방향에 따른 바람의 이름	특성에 따른 바람의 이름

(2) 다음 바람의 이름을 아래 표에 알맞게 나누어 쓰세요.

소소리바람	하늬바람	높새바람	된바람
황소바람	돌개바람	샛바람	마파람

불어오는 방향에 따른 바람의 이름	특성에 따른 바람의 이름

6 **다음 지시를 하나씩 따라 하세요.**

(1) 실바람은 어떤 바람이라고 생각하나요?

(2) 이름을 통해 실바람의 특징을 추측해 글로 쓰세요.

내 생각에 실바람은 ....

왜냐하면 ....

....

(3) 실바람이 무엇인지 인터넷에서 검색해 보세요.

1 빛을 내는 사물과 그 빛을 사용하는 이유를 연결하세요.

TV •   • 식물을 기르기 위해

손전등 •   • 관객이 주인공에게 집중하도록 하기 위해

무대 조명 •   • 어두운 곳을 비추기 위해

전등 •   • 화면을 보여주기 위해

농장 조명 •   • 어두운 방을 밝히기 위해

2 다음 지시에 따라 핵심 문장을 찾아보세요.

이 문장이 없으면 안 되겠다 싶은 문장을 찾아보세요.

(1) 핵심 문장은 가장 중요한 문장입니다.

(2) 문단마다 핵심 문장이 1개씩 있습니다.

(3) 각 문단에서 핵심 문장을 찾으세요.

(4) 찾았으면 밑줄을 그으세요.

반짝반짝 반딧불의 비밀

1문단 깜깜한 밤에 불빛을 내며 날아다니는 곤충이 있어요. 바로 반딧불이예요. 반딧불이는 개똥벌레라고도 불리는데요. 환경 파괴[1]로 우리나라에서 더 이상 쉽게 볼 수는 없어요. 그런데 반딧불이는 왜, 그리고 어떻게 불빛을 만들어 내는 걸까요?

2문단 반딧불이는 짝을 찾기 위해서 불빛을 낸다고 해요. 반딧불이마다 불빛을 깜빡이는 모습이 다른데, 이게 비슷할수록 자신과 맞다고 여겨요. 더운 여름밤, 수컷 반딧불이가 불빛을 깜빡이기 시작하면 암컷들은 그걸 보고 자신에게 맞는 짝을 찾아 똑같은 불빛을 수컷에게 보내요. 그러면 수컷이 그 신호를 보고 해당하는 암컷과 짝짓기[2]를 하게 되는 거지요.

3문단 빛을 내려면 전기를 이용하거나 무언가를 태우는 것이 보통이에요. 하지만 반딧불이는 전혀 다른 방법을 써요. 반딧불이의 불빛은 화학발광[3]의 결과물이에요. 화학발광이란 두 물질이 만나 화학반응을 일으켜 빛을 내는 현상을 뜻해요. 무언가를 태우거나 전기를 이용하지 않고도 빛을 내는 거죠. 여러분이 좋아하는 야광 스티커, 깜깜한 밤에도 시간을 볼 수 있는 야광 시계, 공연장에서 사용하는 야광봉 모두 화학발광을 통해 빛을 낸답니다.

주목할 어휘
1 **파괴** | 때려 부수거나 깨뜨려 헐어 버림
2 **짝짓기** | 동물 따위의 암수가 짝을 이루는 일
3 **발광** | 빛을 냄

3 **다음 문제를 읽고 지시를 따르세요.**

(1) 반딧불이와 개똥벌레는 서로 어떤 관계인지 고르세요. (   )

　　① 하나가 다른 하나를 포함하는 관계

　　② 하나와 다른 하나가 똑같은 관계

　　③ 하나와 다른 하나가 정반대인 관계

(2) 반딧불이와 개똥벌레의 관계와 같은 단어를 보기에서 골라 쓰세요.

> **보기**
>
> 마을　　대한민국　　백미　　흑미　　북한　　국가

- 한국 ⋯⋯⋯⋯⋯⋯⋯⋯⋯⋯⋯⋯⋯⋯⋯⋯⋯⋯⋯⋯⋯⋯⋯⋯⋯⋯⋯

- 흰쌀밥 ⋯⋯⋯⋯⋯⋯⋯⋯⋯⋯⋯⋯⋯⋯⋯⋯⋯⋯⋯⋯⋯⋯⋯⋯⋯

- 나라 ⋯⋯⋯⋯⋯⋯⋯⋯⋯⋯⋯⋯⋯⋯⋯⋯⋯⋯⋯⋯⋯⋯⋯⋯⋯⋯⋯

독해

'이게'와 '그걸'은
앞에서 나온 말을
가리키는 표현입니다.

4 **다음 지시를 읽은 후 하나씩 따라 하세요.**

(1) 아래 제시된 3문단을 다시 읽으세요.

(2) 여기서 '이게'와 '그걸'은 각각 무엇을 뜻할까요?

(3) '이게'와 '그걸'이 의미하는 것을 찾아서 ○표 하고 선으로 연결하세요.

　반딧불이는 짝을 찾기 위해서 불빛을 낸다고 해요. 반딧불이마다 불빛을 깜빡이는 모습이 다른데, 이게 비슷할수록 자신과 맞다고 여겨요. 더운 여름밤, 수컷 반딧불이가 불빛을 깜빡이기 시작하면 암컷들은 그걸 보고 자신에게 맞은 짝을 찾아 똑같은 불빛을 수컷에게 보내요. 그러면 수컷이 그 신호를 보고 해당하는 암컷과 짝짓기를 하게 되는 거예요.

5 다음 중 글에서 설명한 화학발광의 예로 적합한 것을 고르세요. ( )

① 캠핑장에서 화로에 나무를 태우자 빛이 났다.

② 전기 손전등의 전원을 켜자 빛이 났다.

③ 초에 불을 붙이자 방이 밝아졌다.

④ 계단에 특수 페인트를 칠하자 밤에 빛이 났다.

⑤ 컴퓨터를 켜자 화면이 밝아졌다.

6 이번 글을 읽고 알게 된 것을 노트로 정리해 봅니다.

1. 반딧불이가 빛을 내는 이유

   • 수컷 반딧불이가

   • 암컷 반딧불이가

2. 반딧불이가 빛을 내는 방법

   • 원래 빛을 내려면

   • 하지만 반딧불이는

   • 화학발광이란

19 품앗이와 두레

1 다음 지시에 따라 단어를 살펴보세요.

(1) 다음은 글에 나오는 어려운 단어입니다.

(2) 단어의 뜻을 알면 ○, 모르면 ✕로 표시하세요.

(3) 모르지만 알 것 같으면 △로 표시하세요.

모르는 단어도 그
뜻을 짐작해 보세요.

품앗이	두레	품
모내기	추수	이엉
지푸라기	단체	일손
혼인	잔치	장례

2 다음 지시에 따라 지문을 읽으세요.

(1) 마음이 급한 친구는 글을 너무 빨리 읽습니다.

(2) 혹은 다른 생각을 하다 읽어야 하는 부분을 놓치기도 합니다.

(3) 이럴 때는 손으로 짚으면서 읽으면 좋습니다.

(4) 읽기를 시작할 부분에 검지손가락을 올리세요.

(5) 검지손가락으로 나아가면서 따라 읽으세요.

(6) 짚은 부분에서 나의 눈이 벗어나지 않게 합니다.

품앗이와 두레

1문단   옛사람들은 혼자서 하기 힘든 일은 품앗이나 두레를 통해 해결했어요. 품앗이는 힘든 일을 서로 도와주는 거예요. '품'이란 일을 하는 데 드는 수고를 말하는데, 그 품을 빌려 쓰고 되갚는다는 뜻이지요.

2문단   옛날에는 대부분 농사를 짓고 살았기 때문에, 모내기와 추수 등 농사일로 품앗이를 많이 했어요. 또한 지붕 이엉[1] 엮기 등 집안일에도 품앗이를 했어요. 초가집의 지붕은 2-3년마다 지푸라기를 엮어 만든 이엉으로 새로 덮어야 하는데, 이런 일을 혼자 하기는 어렵거든요. 그래서 집집마다 돌아가면서 했답니다.

3문단   개인끼리 서로 품앗이로 돕기도 했지만 아예 두레라는 단체[2]를 만들어 다같이 돕기도 했어요. 마을에서 다함께 두레를 만들어 마을 사람들의 일을 도왔지요. 일손을 빌리고 되갚는 품앗이와 달리, 두레는 일손이 없는 집이라도 도와주었어요. 누구라도 돕는 두레의 정신 때문이지요. 농사일과 김장 등 평상시의 집안일은 물론 혼인, 잔치, 장례 등 큰일이 있을 때에도 톡톡히[3] 구실을 했어요.

4문단   품앗이와 두레 모두 이웃을 돕는 아름다운 풍속이에요. 하지만 요즘에는 농촌에서도 일로 갚기보다는 돈을 주고 일꾼을 구하는 경우가 많아졌어요.

주목할 어휘　1 **이엉** | 초가집의 지붕을 덮기 위해 짚 따위로 엮은 물건

　2 **단체** | 같은 목적을 달성하기 위하여 모인 사람들의 일정한 조직체

　3 **톡톡히** | 구실이나 역할 따위가 제대로 되어 충분하게

3 다음 중 이 글을 통해서 알 수 있는 사실이 <u>아닌</u> 것을 고르세요. (   )

① 품앗이와 두레는 모두 서로 돕기 위한 방법이다.

② 품앗이는 노동력을 서로 빌려 쓰고 되갚는다는 뜻이다.

③ 일손이 없는 집에서는 돈으로 일꾼을 사야만 했다.

④ 주로 농사일에서 품앗이를 했지만 집안일에도 품앗이를 했다.

⑤ 개인끼리는 품앗이로 단체로는 두레로 서로 돕고 살았다.

4 길고 어려운 문장을 작게 나누세요.

> 초가집의 지붕은 2-3년마다 지푸라기를 엮어 만든 이엉으로 새로 덮어야 하는데, 이런 일을 혼자 하기는 어렵거든요.

초가집의 지붕은 2-3년마다 지푸라기를 엮어 만든 이엉으로 새로 덮어야 한다.

이런 일은 혼자 하기는 어렵다.

초가집의 지붕은 2-3년마다 이엉으로 새로 덮어야 한다.

이런 일이란 ....

....

이엉이란 ....

....

혼자 하기는 어렵다.

5 이 글의 주요 내용을 다음에 정리하세요.

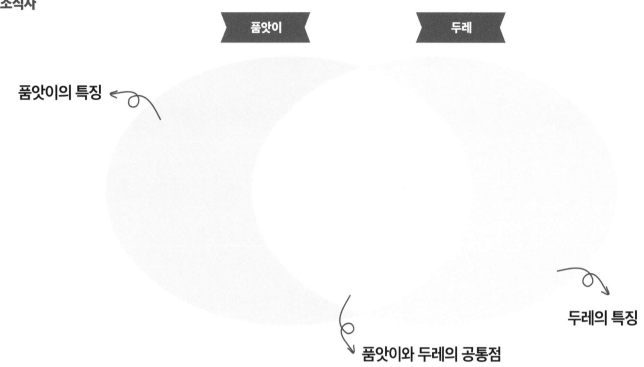

품앗이

두레

품앗이의 특징

두레의 특징

품앗이와 두레의 공통점

6 다음 주제로 나의 생각을 글로 쓰세요.

두레와 품앗이처럼 서로 도와주는 옛날 방식과
돈으로 일꾼을 사는 요즘 방식 중 무엇이 더 좋은가?

나는 .... 더 좋다고 생각한다.

왜냐하면 ....

소방차는 왜 빨간색일까?

읽기 전
배경지식

1 여러분은 어떤 색을 가장 좋아하나요? 가장 좋아하는 색깔과 그 이유를 쓰세요.

○ 흰색　● 빨간색　○ 노란색　● 파란색　● 초록색　● 분홍색　● 주황색　○ 하늘색　● 검정색

내가 가장 좋아하는 색은 .... 입니다.

왜냐하면 ....

....

읽기 중
유창성

2 다음 지시에 따라 지문을 읽어 보세요.

(1) 초를 잴 수 있도록 스마트폰이나 타이머를 준비하세요.

(2) 타이머를 누르고 다음 페이지의 지문을 소리 내어 읽습니다.

(3) 다 읽으면 타이머를 멈추고 시간을 확인합니다.

(4) 내 읽기 속도가 다음 중 어디에 속하는지 확인합니다.

☐ **59초 이하** | 너무 빨라요. 조금 더 천천히 읽으세요.

☐ **66~88초** | 적당한 속도입니다. 계속 그렇게 읽으세요.

☐ **106초 이상** | 너무 느려요. 한 번 더 읽으세요.

소방차는 왜 빨간색일까?

1문단
혹시 파란색 소방차나 초록색 소방차를 상상해 본 적 있나요? 버스 색깔이 다양한 것처럼 소방차 색깔도 다양하면 재미있을 텐데 소방차는 예외[1] 없이 늘 빨간색입니다. 이것은 우리나라뿐 아니라 전 세계 공통인데요. 왜 그럴까요? 바로 빨간색이 가진 고유[2]의 특징 때문입니다.

2문단
빨간색은 여러 색 중에서 가장 눈에 잘 띈다고 해요. 여러 색이 있을 때 사람들이 빨간색을 가장 빨리 인식[3]한다는 의미지요. 그래서 사람들이 더 빨리 알아보고 더 빨리 길을 양보해 줄 수 있도록 소방차를 빨간색으로 정한 거예요.

3문단
또한 빨간색에는 위험과 급함 같은 뜻이 담겨 있어요. 빨간색 하면 무엇이 떠오르나요? 불이나 피가 생각나지 않나요? 그래서 사람들은 붉은색을 봤을 때 위험을 느끼고 좀 더 신속하게 반응하게 된답니다.

4문단
그래서 만약 소방차를 빨간색이 아닌 다른 색을 썼다면

5문단
이렇게 빨간색 고유의 특징들이 모여 '빨간색' 하면 '소방차'라는 사회적 약속이 생겨났다고 할 수 있어요. '노란색' 하면 '유치원 버스', '흰색' 하면 응급차를 떠올리는 것처럼요.

주목할 어휘
1 **예외** | 일반적 규칙에서 벗어나는 일
2 **고유** | 본래부터 가지고 있는 특유한 것
3 **인식** | 사물을 분별하고 판단하여 앎

3 다음 설명을 읽은 후 빈칸을 채우세요.

(1) 문장이 너무 길어 이해하기 어려울 때가 있습니다.

(2) 이럴 때는 문장을 여럿으로 나누면 이해하기에 좋습니다.

버스 색깔이 다양한 것처럼 소방차 색깔도 다양하면 재미있을 텐데 소방차는 예외 없이 늘 빨간색입니다.

| 버스 색깔이 다양한 것처럼 | 소방차 색깔도 다양하면 재미있을 텐데 | 소방차는 예외 없이 늘 빨간색입니다. |

소방차 색깔도

| 버스는 색깔이 다양합니다. | .... | 소방차는 예외 없이 늘 빨간색입니다. |

4 다음 중 소방차를 빨간색으로 하는 이유로 알맞은 것을 두 개 고르세요.
(,)

① 버스에 파란색이나 초록색을 써야 하기 때문에

② 사람들 눈에 가장 잘 띄기 때문에

③ 노란색은 유치원 버스에, 흰색은 응급차에 사용하기 때문에

④ 위험, 급함과 같은 뜻이 담겨져 있어서

⑤ 빨간색 물감이 가장 값이 싸기 때문에

5 다음 지시를 모두 읽은 후 하나씩 따라 하세요.

(1) 4문단 일부를 가려서 읽을 수 없습니다.

(2) 어떤 내용이 담기면 좋을지 직접 쓰세요.

(3) 2문단, 3문단을 참고해 상상해 보세요.

2,3문단에서 말한
이유를 거꾸로
생각해 보세요.

그래서 만약 소방차를 빨간색이 아닌 다른 색을 썼다면

....

....

....

6 다음 지시를 모두 읽은 후 하나씩 따라 하세요.

(1) 모든 색은 봤을 때 떠오르는 무언가가 있습니다.

(2) 이로 인해 우리는 각각의 색에서 서로 다른 느낌을 받습니다.

(3) 아래 색을 통해 떠오르는 무언가와 그것의 느낌을 쓰세요.

정답은 없으니
자유롭게 나의
느낌을 써 보세요.

	대상	느낌
빨간색 ●	불, 피	위험, 급함
검은색 ●		
노란색 ○		
파란색 ●		
초록색 ●		

동물학자에서 환경보호 운동가로, 제인 구달

과학기술 전기문

읽기 전
이해 전략

1 다음 지시에 따라 글의 내용을 예측하여 봅시다.

(1) 글의 내용을 예측하고 읽으면 내용을 이해하는 데 도움이 됩니다.

(2) 이 글의 제목은 '동물학자에서 환경보호 운동가로, 제인 구달'입니다.

내가 알고 있는
사실을 이용해
보세요.

(3) 제목을 통해 볼 때 어떤 내용이라고 생각하나요?

....

....

....

....

....

....

읽기 중
이해 전략

2 다음 지시에 따라 지문을 읽으세요.

(1) 이 글은 제인 구달의 삶을 시간 순서에 따라 설명하고 있습니다.

(2) 몇 년에 있었던 일인지를 나타내는 연도가 나오면 ○표 하세요.

(3) 그때 한 일에는 밑줄을 그으세요.

동물학자에서 환경보호 운동가로, 제인 구달

1문단 제인 구달은 침팬지 연구가로 잘 알려진 유명한 동물학자예요. 1934년 런던에서 태어나 어려서부터 동물학자를 꿈꾸었어요. 정식 교육을 받진 않았지만 고고학자, 루이스 리키를 만나 침팬지 연구를 시작했어요.

2문단 1960년, 제인 구달은 침팬지가 사는 탄자니아 곰베로 갔어요. 혼자 밀림[1]으로 들어가 침팬지에 서서히 접근했고, 자연 상태의 침팬지에 대해 직접 관찰하며 연구했지요. 그 결과 제인은, 침팬지에 대해 많은 ㉠것들을 밝혀냈어요. 침팬지가 육식[2]을 하며, 사람처럼 도구[3]를 이용하고 사회생활을 한다는 것을요. 그리고 1977년에는 '제인 구달 연구소'를 설립, 계속 새로운 연구 결과를 발표하며 세계적인 침팬지 연구 권위자가 되었지요.

3문단 제인 구달은 멸종 위기에 처한 침팬지를 돕기 위해서는 환경이 개선되어야 한다는 사실을 깨달았어요. 1991년, 제인은 탄자니아에서 '뿌리와 새싹'이라는 단체를 만들고 청소년을 대상으로 환경 운동을 시작했지요. 기후 위기와 생태적 재난을 극복하기 위해 전세계 청소년들을 격려하고, 그들의 활동을 도왔어요. 제인 구달은 지금도 전 세계를 돌아다니며 동물의 권리와 이익, 환경보호를 외치고 있답니다.

주목할 어휘
1 **밀림** | 큰 나무들이 빽빽하게 들어선 깊은 숲
2 **육식** | 음식으로 고기를 먹음
3 **도구** | 일을 할 때 쓰는 연장을 통틀어 이르는 말

3 다음 지시에 따라 어휘를 학습하세요.

(1) 학자는 학문을 연구하는 사람이라는 뜻입니다.

(2) 어떤 분야에 학자를 붙이면 그 분야를 연구하는 사람이 됩니다.

(3) 다음 단어를 완성하고 하는 일을 설명하세요.

동물	+	학자	=	동물학자 / 동물을 연구하는 사람
미생물	+	학자	=	
법	+	학자	=	
심리	+	학자	=	

4 다음 지시에 따라 알맞은 답을 찾으세요.

(1) 2문단의 ㉠것은 무엇을 뜻할까요?

(2) 다음 단어를 대신 넣어 읽고 가장 적절한 것을 고르세요. (   )

① 사실

② 문제점

③ 도구

④ 특징

⑤ 장점

5 **다음 지시에 따라 3문단의 제목을 직접 지으세요.**

(1) 문단의 제목은 문단에서 말하는 내용을 대표해야 합니다.

(2) 3문단의 제목을 무엇이라고 지으면 좋을까요?

(3) 1, 2문단의 제목을 참고하세요.

1문단	동물학자를 꿈꾼 제인 구달
2문단	침팬지를 연구한 제인 구달
3문단	

 6 **다음 지시에 따라 질문을 만드세요.**

(1) 여러분이 만약 동물학자라면 어떤 동물을 연구하고 싶나요?

(2) 선택한 동물에 대해 연구하고 싶은 내용을 질문으로 쓰세요.

• 캥거루 주머니에는 새끼가 몇 마리 들어갈 수 있을까?

인문 사회 / 설명문

읽기 전
배경지식

1 **다음 지시를 모두 읽은 후 하나씩 따라 하세요.**

(1) 지문 제목은 '북한 어린이들은 어떤 학교에 다닐까?'입니다.

(2) 여러분은 북한에 대해 무엇을 알고 있나요?

(3) 북한에 대해 알고 있는 내용을 쓰세요.

읽기 중
이해 전략

2 **다음 지시를 모두 읽은 후 하나씩 따라 하세요.**

(1) 글을 읽기 전에 간단히 살펴보려 합니다.

(2) 각 문단의 첫 번째 문장만 읽으세요.

(3) 이를 바탕으로 글이 어떤 내용일지 생각해 보세요.

(4) 그 생각을 참고하면서 글을 읽으세요.

북한 어린이들은 어떤 학교에 다닐까?

1문단 여러분이 학교를 다니는 것처럼 북한 어린이들도 학교를 다녀요. 북한 어린이들도 여러분과 똑같이 학교에서 공부도 하고 친구들과 어울리지요. 하지만 북한의 학교는 우리와 조금 다른 모습이 있어요.

2문단 먼저 학교의 명칭[1]이 우리와 달라요. 우리나라에서 어린이들이 처음 가는 학교는 초등학교입니다. 원래는 국민학교라고 불렀는데 1995년부터 초등학교로 바꾸어 부르게 되었어요. 북한 어린이들이 처음 가는 학교는 소학교라고 해요. 북한 역시 예전에는 인민[2]학교라고 하다가, 2002년부터 소학교로 명칭이 바뀌었어요.

3문단 교복[3]도 우리와 다르지요. 우리나라의 경우 초등학교에는 교복이 없어요. 중, 고등학교에는 교복이 있지만 대학생이 되면 다시 자유복을 입어요. 반면 북한에서는 소학교 때부터 교복을 입어요. 심지어 대학생이 되어서도 교복을 입지요. 우리나라에서는 학교마다 교복이 다 다른데 북한에서는 전국 모든 학생이 똑같은 교복을 입어요.

4문단 학교를 다니는 기간 역시 차이가 있어요. 우리나라 학생들은 초등학교는 6년, 중학교는 3년, 고등학교는 3년을 다녀요. 총 12년간 학교를 다니지요. 북한 학생들은 소학교는 5년, 중학교는 6년을 다녀요. 총 11년간 학교를 다니는데 우리보다 1년이 짧은 셈입니다.

주목할 어휘
1 **명칭** | 사람이나 사물 따위의 이름
2 **인민** | 북한에서 국민을 일컫는 말
3 **교복** | 학교에서 학생들이 입도록 정한 옷

3 다음 지시를 모두 읽은 후 하나씩 따라 하세요.

(1) 교복과 자유복에 대한 다음 설명을 읽으세요.

단어	단어의 뜻
교 ⟮복⟯	학교에서 학생들이 입도록 정한 옷
자유 ⟮복⟯	자기 마음대로 입는 옷

(2) '복'이 의미하는 것을 단어의 뜻에서 찾아 ○표 하세요.

4 우리나라와 북한의 학교 이름에 대한 표를 채우세요

	원래 이름	현재 이름	바뀐 시기
우리나라		초등학교	1995년
북한	인민학교		

5 다음은 글의 내용을 간략하게 정리한 표입니다. 빈칸을 채우세요

우리나라 학교와 북한 학교의 차이

2문단	3문단	4문단
학교의 명칭		

6 다음 지시를 모두 읽은 후 하나씩 따라 하세요.

(1) 북한의 학교에 대해 무엇을 더 알아볼 수 있을까요?

(2) 다음 질문을 참고하여 북한 학교에 대해 질문하세요.

가족과 함께 질문 만들기 놀이를 해 보세요.

질문

• 북한 학교에는 한 반에 몇 명이 있을까?

• 북한 학교는 몇 시에 시작할까?

라면은 어떻게 만들어졌을까?

1 여러분이 좋아하는 라면을 그림으로 끓여 보세요.

2 다음 지시에 따라 지문을 살펴보세요.

(1) 글을 읽고 문제를 풀어야 할 때는 문제를 미리 살펴보면 좋습니다.

(2) 3번부터 6번까지의 문제를 살펴보세요.

(3) 무엇을 묻고 있는지 정리하세요.

(4) 문제를 염두에 두고 지문을 읽습니다.

라면은 어떻게 만들어졌을까?

1문단 보글보글 맛있게 끓인 라면은 끓이기도 쉽고 맛도 좋습니다. 그래서 정말 많은 사람들이 좋아하는 음식인데요. 라면은 언제, 어떻게 만들어졌을까요?

2문단 라면은 1870년경 일본에 온 중국 사람들이 만들어 팔던 '라오민'이라는 면 요리에서 ㉠유래되었다고 해요. 초기¹의 라면은 식당에서 끓여서 팔던 음식이었는데 안도 모모호쿠라는 사람이 지금처럼 간단히 집에서 끓일 수 있는 인스턴트² 라면을 만들었어요. 당시 일본 사람들은 밀가루를 먹어 보지 않아 밀가루가 있어도 그냥 굶주렸다고 해요. 그래서 안도 모모호쿠는 일본인이 좋아할 만한 밀가루 음식을 고민하다 라면을 만들게 되었다고 해요.

3문단 안도는 면을 기름에 튀기면 오래 보관할 수 있다는 것을 생각해 냈어요. 또한 물만 부으면 원래 상태로 되돌아간다는 것도 알아냈지요. 그는 ㉡이런 아이디어로 인스턴트 라면 '닛신 치킨 라멘'을 만들었어요. 물론 이렇게 만들어진 라면은 라오민과는 모양도 맛도 완전히 달랐습니다. 이를 바탕으로 그는 컵라면도 만들었어요.

4문단 안도는 라면을 독점³하지 않고 어느 회사건 자유롭게 만들 수 있도록 특허도 내지 않았어요. 그 결과 여러 회사가 다양한 형태의 라면을 만들 수 있게 되었답니다.

주목할 어휘
1 **초기** | 정해진 기간에서 앞쪽 기간
2 **인스턴트** | 즉석에서 간단하게 이루어짐
3 **독점** | 혼자서 모두 차지함

어휘

3 다음 지시에 따라 2문단 ㉠유래의 뜻을 짐작해 보세요.

대신 넣어 보고 소리 내어 읽어 보세요.

(1) 모르는 단어의 뜻을 짐작할 때는 우선 앞뒤 내용을 살펴보아야 합니다.

(2) 그 후 내용에 맞는 다른 단어를 넣어 봅니다.

(3) 다음 중 ㉠유래되었다고 대신에 넣으면 자연스러울 단어를 찾아보세요.
(   )

① 생겨났다고

② 반대되었다고

③ 놀라게 되었다고

④ 맛있었다고

그래픽 조직자

4 라면이 만들어진 과정을 다음 표에 정리하세요.

2문단을 다시 읽으면서 정리하세요.

중국 면 요리인 .... 에서 유래되었음

↓

초기에는 .... 에서 끓여 팔았음

↓

간단히 끓여 먹을 수 있는 .... 을 개발했음

5 다음 지시에 따라 3문단에 나오는 ⓒ이런 아이디어의 뜻을 찾아보세요.

(1) '이런'은 앞에 나온 내용을 줄여서 부르는 표현입니다.

(2) 글에서 ⓒ이런 아이디어는 크게 2가지 아이디어를 가리킵니다.

(3) 3문단에서 ⓒ이런 아이디어가 말하는 2개를 찾으세요.

(4) 찾은 아이디어에 밑줄 치고 ①과 ②로 표시하세요.

6 글에서 문장을 고른 후 '왜'를 이용하여 질문을 만드세요.

문장 안에서 단어를
골라 '왜'와 함께
연결해 보세요.

> **문장** 라면은 1870년경 일본에 온 중국 사람들이 만들어 팔던 '라오민'
> 이라는 면 요리에서 유래되었다고 해요.

> **질문** 중국 사람들은 왜 일본에 왔을까?

> **문장** 안도는 자신이 만든 라면을 어느 회사건 자유롭게 만들 수 있도록
> 허락했어요.

> **질문**

> **문장**

> **질문**

 **24** **지구의 허파, 아마존**

읽기 전
배경지식

1 **다음 지시에 따라 아마존의 위치를 찾아보세요.**

(1) 이번에는 남아메리카의 아마존에 대해 알아봅니다.

(2) 지도에서 남아메리카와 아마존을 찾아 ○표 하세요.

(3) 지구본이 있다면 지구본에서 다시 찾아보세요.

(4) 없다면 스마트폰으로 세계 지도를 검색해서 찾아보세요.

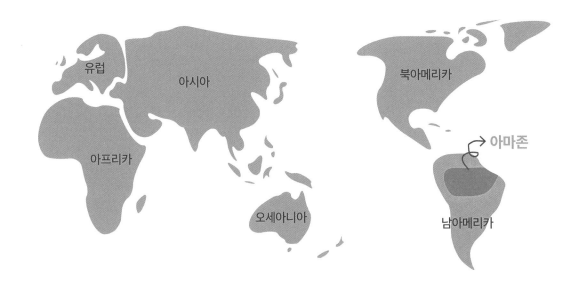

읽기 중
이해 전략

2 **다음 지시에 따라 지문을 읽으세요.**

(1) 글에서 진한 글씨로 쓰여진 단어는 중요한 단어입니다.

(2) 진한 글씨가 나오면 그 단어에 ○표 합니다.

(3) 단어의 뜻이 설명되어 있다면 밑줄을 그으세요.

(4) 단어의 뜻이 설명되어 있지 않다면 그 단어의 뜻을 짐작하세요.

지구의 허파, 아마존

1문단 산소는 모든 **생명체**에게 **필수적**[1]이에요. 산소가 없이는 1분도 채 버티기 힘들지요. 이토록 중요한 산소를 지구에서 가장 많이 만들어 내는 곳, 바로 아마존입니다. 남아메리카에 위치한 아마존은 지구에서 가장 큰 열대우림[2] 지역이에요. 이곳에는 세계 생물 종류의 절반에 이르는 다양한 생물들이 살고 있어요.

2문단 아마존은 지구에 필요한 산소의 약 ㉠20%를 만들어 내고 있어요. 그래서 **지구의 허파**라는 별명도 가지고 있지요. 허파는 폐를 뜻하는 순우리말로 가슴에 위치해 숨 쉴 때 사용하는 기관이랍니다. 허파가 없으면 숨을 쉴 수 없는 만큼 지구의 허파라는 별명은 그만큼 아마존이 중요하다는 것을 표현합니다.

3문단 이토록 소중한 아마존이 무서운 속도로 파괴되고 있어요. 사람들이 나무를 얻으려고 숲을 파괴하고, 금을 얻으려고 여기저기 파헤치고 있거든요. 일부러 숲에 불을 내기도 해요. 숲이 사라진 자리에 농사를 짓고, 소를 키우고, 도로를 만들고, **광산**[3]을 개발하기 위해서지요. 이런 이유로 아마존의 숲은 엄청난 속도로 사라지고 있어요.

4문단 숲을 없애 버리는 건 한순간이지만, 그 숲을 다시 만드는 것은 수백 년이 걸려도 어려워요. 더 늦기 전에 아마존을 지켜야 합니다. 지구의 허파가 상하면 우리의 허파도 숨을 쉴 수 없으니까요.

주목할 어휘
1 **필수적** | 꼭 있어야 하는 것
2 **열대우림** | 일 년 내내 기온이 높고 비가 많은 열대 지역의 숲
3 **광산** | 금, 은, 철 등의 광물을 캐내는 곳

3 다음 지시에 따라 ㉠20%가 어느 정도인지 생각해 보세요.

(1) 20%는 100개 중의 20개라는 뜻입니다.

(2) 100개의 인형 중에서 20개를
     ○로 묶어 보세요.

(3) 오른쪽의 분홍색 인형은
     몇 %일까요?

     (%)

4 다음 중 글쓴이의 의견을 고르세요. (   )

글쓴이의 생각을
찾아보세요.

① 산소는 모든 생명체에게 반드시 필요해요.

② 산소를 지구에서 가장 많이 만들어 내는 곳, 바로 아마존입니다.

③ 아마존은 지구에 필요한 산소의 약 20%를 만들어 내고 있어요.

④ 아마존이 무서운 속도로 파괴되고 있어요.

⑤ 더 늦기 전에 아마존을 지켜야 합니다.

5 사람들이 아마존을 파괴하는 이유를 그림으로 표현하세요.

3문단을 다시 읽으며
아마존을 파괴하는
이유에 밑줄을 긋고
그림을 그리세요.

아마존 파괴

읽기 후
쓰기

6 아마존이 파괴된다면 우리에게 벌어질 일을 상상하여 글로 쓰세요.

뮤지컬과 오페라

예술 체육 / 설명문

읽기 전
배경지식

1 다음 지시에 따라 문제를 해결하세요.

(1) 다음을 읽고 내용이 진실인지 거짓인지 골라 ○표 하세요.

	진실	거짓
뮤지컬과 오페라는 미술 공연이다.		
뮤지컬은 이탈리아에서 처음 생겨났다.		
오페라에서는 성악가가 주로 노래한다.		

(2) 지문을 읽으며 위 내용이 사실인지 확인하세요.

읽기 중
이해 전략

2 다음 지시에 따라 지문을 읽으세요.

(1) 글을 나의 말로 바꾸면 이해에 도움이 됩니다.

(2) 예를 들어 다음처럼 할 수 있습니다.

문장   오페라는 뮤지컬과 달리 이야기보다 노래가 중심이에요.

⬇

나의 표현   뮤지컬은 이야기 중심이고 오페라는 노래가 중심이구나.

(3) 이처럼 나의 말로 바꾸며 글을 읽으세요..

뮤지컬과 오페라

1문단   음악을 이용하는 공연[1]은 그 종류가 다양합니다. 가수가 나와 주로 본인의 노래를 부르는 콘서트와 피아노나 바이올린 같은 악기를 연주하는 연주회가 있지요. 음악과 연극을 버무린 공연도 있어요. 바로 뮤지컬과 오페라인데요. 이들은 인물이 하는 말을 노래로 표현한다는 공통점이 있어요.

2문단   뮤지컬은 19세기 미국에서 발달한 공연 예술이에요. 사람들이 좋아할 만한 흥미로운 이야기를 매력적인 음악과 노래, 춤으로 표현해 대중적[2]인 인기를 얻었지요. 뮤지컬은 음악과 이야기 중 이야기가 더 중요한 역할을 해요. 그래서 노래로 대사[3]를 전달하기도 하지만 그냥 말로 하는 부분도 많아요. 움직임도 중요한 부분이에요. 배우들의 몸짓과 연기, 춤으로 많은 내용을 전달해요.

3문단   오페라는 약 400년 전에 이탈리아에서 생겨났어요. 오페라는 뮤지컬과 달리 이야기보다 노래가 중심이에요. 모든 대사가 노래로 되어 있어 노래 실력이 매우 중요하지요. 오페라에서 노래하는 사람들은 보통 성악가예요. 이들은 목소리의 높낮이와 특징에 따라 역할이 결정돼요. 오페라에서 춤은 성악가가 아닌 무용단이 추지요. 그리고 그 움직임도 크지 않다는 게 특징이랍니다.

주목할 어휘   **1 공연** | 음악, 무용, 연극 따위를 많은 사람 앞에서 보이는 일
2 대중적 | 수많은 사람의 무리
3 대사 | 연극이나 영화 따위에서 배우가 하는 말

3 다음 지시에 따라 어휘를 학습하세요.

(1) 연주회에서 '회'는 사람들이 모인다는 뜻입니다.

(2) 다음 중 '회'가 모인다는 의미로 사용된 단어에 ○표, 그렇지 않은 단어에
   ✕표 하세요.

회의	회복	회피	교회
전시회	친목회	회상	회수

4 뮤지컬과 오페라를 비교하는 다음 표를 완성하세요.

뮤지컬	오페라
19세기 미국에서 발달함	
	노래가 더 중요
	움직임은 작은 편임

5 다음 지시에 따라 내용을 정리하세요.

(1) 글을 읽은 후 짧게 정리하면 기억하기에 좋습니다.

(2) 중요하다고 생각하는 내용을 중심으로 3문장으로 정리하세요.

① 뮤지컬과 오페라는 ....

....

② 뮤지컬은 ....

....

③ 오페라는 ....

....

읽기 후

쓰기

6 다음 지시에 따라 뮤지컬과 오페라를 감상하여 보세요.

(1) QR 코드를 이용해 스마트폰으로
영상을 확인하세요.

뮤지컬   오페라

(2) 여러분은 뮤지컬과 오페라 중 무엇에 더 관심이 가나요?

나는 .... 에 더 관심이 갑니다.

왜냐하면 ....

....

보더콜리를 키우고 싶다면

 읽기 전
배경지식

인터넷을 찾아봐도
좋습니다.

1 사진에 맞는 강아지 종을 선으로 연결하세요.

•   •   •   •

•   •   •   •

보더콜리   요크셔테리어   시추   웰시코기

 읽기 중
이해 전략

2 다음 지시에 따라 지문에서 이어 주는 말을 찾아보세요.

(1) 이어 주는 말은 문장과 문장을 연결해 주는 말입니다.

> **예시**   그리고   그러나   하지만   게다가

(2) 지문을 읽다가 이어 주는 말이 나오면 ○표 하세요.

(3) 이어 주는 말은 왜 사용되었을까요?

(4) 앞뒤 문장을 다시 읽으면서 생각해 보세요.

보더콜리를 키우고 싶다면

1문단 반려견[1]을 기르는 사람이 점점 많아지고 있습니다. 최근에는 보더콜리라는 개가 특히 유행하고 있어요. 귀엽고 똑똑해서 보더콜리를 길러보고 싶어하는 사람이 늘어나고 있답니다. 하지만 제대로 준비가 되어 있지 않다면, 보더콜리를 키워서는 안 돼요.

2문단 보더콜리는 몸집이 크고 머리가 영리해서 배우는 것을 좋아해요. 게다가 활동량[2]도 상당히 많아요. 이런 특성[3] 때문에 양몰이 개로 많이 활용되기도 했어요. 요크셔테리어나 시추 같은 소형 견은 하루 한두 번 30분만 산책해도 충분해요. 하지만 이 정도 운동은 보더콜리에게는 터무니없이 부족하지요.

3문단 그런데 우리나라에는 개와 함께 자유롭게 야외 활동을 할 수 있는 장소가 적어요. 따라서 주인 스스로 산악 자전거나 등산, 캠핑 등의 야외 활동을 즐기는 성격이 아니라면 보더콜리는 창살 없는 감옥에 갇힌 셈이 되고 말아요. 결국 스트레스 때문에 다양한 사고를 치다 버려지는 경우가 적지 않아요.

4문단 충분한 준비가 되지 않은 채 유행에 따라 보더콜리를 키우면 자신은 물론 보더콜리에게도 큰 상처가 될 수 있어요. 보더콜리를 키우고 싶다면 끝까지 책임질 수 있을지 신중하게 생각해 보기 바랍니다.

주목할 어휘 1 **반려견** | 한 가족처럼 사람과 더불어 살아가는 개

2 **활동량** | 사람이나 동물이 몸을 움직여 운동한 양

3 **특성** | 일정한 사물에만 있는 특수한 성질

어휘

3 다음 지시에 따라 어휘를 학습하세요.

(1) 소형은 같은 종류의 사물 가운데 작은 크기를 의미합니다.

(2) 소형은 작을 소 小 + 모양 형 形입니다.

비슷한 뜻을 가진
단어는 비슷한
형태로 표현된다는
사실을 기억하세요.

(3) 그렇다면 중간 크기와 큰 크기는 무엇이라고 할까요?

의미	한자	단어
작은 크기	작을 소 小 + 모양 형 形	소형
중간 크기	가운데 중 中 + 모양 형 形	
큰 크기	클 대 大 + 모양 형 形	

독해

4 다음 중 지문에서 가장 중요한 주장을 고르세요. (   )

작가는 무엇을
말하려고 했을까요?

① 반려견을 기르는 사람이 점점 많아지고 있습니다.

② 제대로 준비가 되어 있지 않다면, 보더콜리를 키워서는 안 돼요.

③ 우리나라에는 개와 함께 자유롭게 야외 활동을 할 수 있는 장소가 적어요.

④ 보더콜리는 다양한 사고를 치다 버려지는 경우가 적지 않아요.

⑤ 보더콜리는 귀엽고 똑똑해요.

사고

5 다음 지시에 따라 글쓴이의 근거가 적절한지 알아봅시다.

(1) 글쓴이는 '준비 없이 보더콜리를 기르지 마라'는 주장을 하고 있습니다.

(2) 다음 문장이 이에 대한 근거로 적절하면 ○표, 적절하지 않으면 ✕표 하세요.

112

	근거	O, X
1	반려견을 기르는 사람이 점점 많아지고 있습니다.	
2	보더콜리를 길러 보고 싶어하는 사람이 늘어나고 있답니다.	
3	소형 견 정도의 운동량으로는 터무니없이 부족합니다.	
4	다양한 사고를 치다 버려지는 경우가 많아요.	

6 다음 지시에 따라 아이디어를 내 보세요.

(1) 보더콜리가 마음껏 뛰어놀게 하려면 어떻게 해야 할까요?

(2) 우선 여러분의 생각을 쓰세요.

●

(3) 저녁을 먹으면서 가족과 이야기해 본 후 나온 생각을 더 쓰세요.

●

인터넷 쇼핑이 더 싼 이유는?

읽기 전
배경지식

1 가족과 내가 돈을 주고 산 물건과 물건을 산 곳을 쓰세요.

	물건	물건을 산 곳
1		
2		
3		
4		
5		

읽기 중
유창성

2 다음 지시에 따라 나의 읽기를 수정해 보세요.

(1) 다음 페이지의 지문을 말하는 속도로 소리 내어 읽습니다.

(2) 읽다가 잘못 읽거나 더듬거린 부분에는 ✔ 표 합니다.

(3) ✔ 표 한 부분은 다시 읽어 봅니다.

인터넷 쇼핑이 더 싼 이유는?

1문단 원래 쇼핑은 시장이나 마트, 백화점에 가서 물건을 직접 보고 골라 사는 것입니다. 그런데 요즘은 인터넷 쇼핑이 점점 늘어나고 있어요. 인터넷 쇼핑은 집안에서 손가락만 까딱해서 물건을 살 수 있어 아주 편리하거든요. 게다가 가격도 더 싼 경우가 많아요. 왜 그럴까요?

2문단 우선 인터넷 쇼핑몰에는 물건을 진열해 둘 매장[1]이 필요 없어요. 실제로 손님이 찾아오지 않기 때문입니다. 그래서 가게를 빌리거나 꾸미는데 돈이 들지 않아요. 또한 손님에게 물건을 판매할 직원도 필요하지 않아요. 손님이 상품[2]을 사용해 볼 수 있도록 준비하거나 도움을 줄 필요가 없기 때문입니다. 그래서 직원에게 지급[3]해야 할 월급도 나가지 않아요. 그러다 보니 실제 가게에서 물건을 팔 때보다 더 싼 가격에 물건을 팔 수 있는 거예요.

3문단 그렇다고 인터넷 쇼핑이 장점만 있는 것은 아니에요. 실제로 물건의 품질, 사이즈, 색깔 등을 직접 확인할 수 없어요. 배송비가 따로 들기도 하고 구입 후 물건을 받기까지 시간이 걸린다는 점도 있어요.

4문단 그럼에도 불구하고 인터넷 쇼핑은 장점이 더 많아요. 다양한 쇼핑몰의 가격을 쉽고 편하게 비교할 수 있어요. 또 물건을 사기 위해 오가는 수고와 시간이 들지도 않아요. 그래서 인터넷 쇼핑의 인기는 점점 더 높아지고 있습니다.

주목할 어휘 1 **매장** | 물건을 파는 장소
2 **상품** | 사고파는 물품
3 **지급** | 돈이나 물품 따위를 상대에게 건넴

3 인터넷 쇼핑의 단점이 <u>아닌</u> 것을 고르세요. (   )

① 배송비가 따로 들 수 있다.

② 가격을 쉽고 편하게 비교하기 어렵다.

③ 구입 후 물건을 받기까지 시간이 걸린다.

④ 물건의 품질, 사이즈, 색깔 등을 직접 확인할 수 없다.

4 인터넷 쇼핑몰에는 어떤 비용이 필요하지 않은지 다음 글에서 찾아 밑줄을 긋고 빈칸을 채우세요.

　　우선 인터넷 쇼핑몰에는 물건을 진열해 둘 **매장이 필요 없어요.** 실제로 손님이 찾아오지 않기 때문입니다. 그래서 가게를 빌리거나 가게를 꾸미는데 돈이 들어가지 않아요. 또한 손님에게 물건을 판매할 **직원도 필요하지 않아요.** 손님이 상품을 사용해볼 수 있도록 준비하거나 도움을 줄 필요가 없기 때문입니다. 그래서 직원에게 지급해야 할 월급도 나가지 않아요. 그러다 보니 실제 가게에서 물건을 팔 때보다 더 싼 가격에 물건을 팔 수 있는 거예요.

매장이 필요 없음	그래서	가게를 빌리거나 가게를 꾸미는 데 돈이 들어가지 않음
직원이 필요 없음	그래서	

116

5 다음 설명을 읽은 후 인터넷 쇼핑몰이 무엇인지 설명하세요.

 먼저 설명을 모두
읽고 생각을 정리한
후 말해 보세요.

1	**숍** shop	가게는 영어로 '숍shop'이라고 합니다.
2	**쇼핑** shopping	'숍'에 동작을 뜻하는 'ing'를 붙이면 가게에서 물건을 사는 행동인 '쇼핑shopping'이 됩니다.
3	**쇼핑몰** shopping mall	'쇼핑'에 물건 파는 골목이라는 뜻의 '몰mall'을 붙이면 다양한 종류의 상점들이 모여 있는 큰 빌딩인 '쇼핑몰shopping mall'이 됩니다.
4	**인터넷 쇼핑몰** internet shopping mall	'쇼핑몰'에 '인터넷'을 붙이면 인터넷에서 물건을 살 수 있는 홈페이지나 앱을 뜻하는 '인터넷 쇼핑몰internet shopping mall'이 됩니다.

 읽기 후
쓰기

6 지문을 다시 한번 읽은 후 다음 주제로 글을 쓰세요.

실제 쇼핑몰과 인터넷 쇼핑몰 중 나는 무엇을 더 좋아하는가?

저는 .... 이 더 좋습니다.

왜냐하면 ....

....

....

....

28 자동차의 미래를 만나 보세요

읽기 전
그래픽 조직자

1 미래 자동차에 대해 알고 있는 것과 알고 싶은 것을 쓰세요.

내가 알고 있는 것	알고 싶은 것
•	•

읽기 중
이해 전략

2 다음 지시에 따라 지문을 읽으세요.

(1) 지문은 자율 주행 자동차를 광고하는 글입니다.

(2) 지문을 읽으면서 광고하는 자동차의 장점을 찾으세요.

(3) 찾은 장점에 밑줄을 긋고 차례대로 번호를 매기세요.

2문단을 자세히
읽으세요.

자동차의 미래를 만나 보세요

1문단 자동차의 미래, '자율 주행[1] 자동차'를 만나 보세요.

복잡하고 막히는 길에서 운전하느라 힘드시죠?

운전하다가 잠시 손을 놓고 쉬고 싶은 적은 없으셨나요?

안전하고 편리한 운전을 꿈꾸셨다면, 3세대 자율 주행 자동차 '키트'를 만나 보세요.

충돌이나 차선 이탈[2]을 경고해 준다고요? 구식 1세대 자율 주행 자동차를 타시는군요.

앞차와 안전거리를 유지하고 혼자서 차선을 지킬 수 있다고요?

아직 2세대 자율 주행 자동차를 벗어나지 못하셨군요.

2문단 진정한 자율 주행 자동차는 3세대부터!

최첨단 카메라와 센서를 이용해 스스로 도로 위의 장애물[3]을 ㉠감지하고, 피합니다.

운전대에서 손을 떼도 알아서 달리니까, 운전자가 도로를 보고 있을 필요가 없습니다.

속도가 느려 답답했다고요? 아우슬라가 자율 주행 자동차의 속력을 기존의 시속 60킬로미터에서 80킬로미터로 높였습니다.

자동차 안에 장착된 넓은 화면으로 영화를 보고, 업무를 처리하세요.

자동차가 곧 사무실이나 엔터테인먼트 공간이 될 겁니다.

자동차의 미래가 여러분의 눈앞에 있습니다.

꿈의 자동차를 운전해 보세요!

자동차의 미래, 아우슬라 자동차.

대표전화 1588-8282 / www.아우슬라.com

주목할 어휘 1 **주행** | 자동차나 열차 따위가 달림

2 **이탈** | 어떤 범위나 대열 따위에서 떨어져 나오거나 떨어져 나감

3 **장애물** | 가로막아서 거치적거리게 하는 사물

읽기 후
어휘

3 **다음 지시에 따라 ㉠감지의 뜻을 추측하세요.**

(1) 다음 문장을 통해 ㉠감지의 뜻을 추측하세요.

> 최첨단 카메라와 센서를 이용해 스스로 도로 위의 장애물을 ㉠감지하고, 피합니다.

(2) 한자를 통해 ㉠감지의 뜻을 추측하세요.

느낄 감   感   알 지   知

(3) 내가 생각하는 ㉠감지의 뜻을 쓰세요.

....

(4) 사전에서 ㉠감지의 뜻을 찾아 쓰세요.

....

 읽기 후
그래픽 조직자

4 **자율 주행 자동차의 세대별 특징을 다음 표에 정리하세요.**

각 세대에 ○표
한 후 그 특징을
찾아보세요.

1세대	
2세대	
3세대	

120

5 위의 글에서 사용된 구조로 다음 중 알맞은 것을 고르세요. (   )

① 자동차가 가진 문제점을 말하고 해결 방법을 설명하고 있다.

② 기존 자동차와 비교하여 미래 자동차의 더 나은 점을 말하고 있다.

③ 자동차를 안전하게 운전하는 방법에 대해 묘사하고 있다.

④ 문제의 원인을 밝히고 이로 인해 일어난 일을 말하고 있다.

⑤ 자동차를 생산하는 일을 순서대로 설명하고 있다.

6 다음 지시에 따라 그림을 그리세요.

(1) 지문을 잡지에 광고로 실으려고 합니다.

(2) 광고에 함께 들어갈 그림을 그리세요.

(3) 윗글에 담긴 내용을 1가지 이상 포함하세요.

마음을 전하는 방법

읽기 전
배경지식

1 다음 질문에 답하세요.

이미 알고 있는
이모티콘 말고 내가
직접 만들어 보세요.

(1) 다음 이모티콘은 어떤 마음을 담고 있는지 쓰세요.

^^	ㅜㅜ	^^;;;;	ㅡㅡ^	ㄴ(°○°)ㄱ
기쁨				

(2) 여러분만의 이모티콘을 만들고 의미를 쓰세요.

읽기 중
이해 전략

2 다음 지시를 모두 읽은 후 하나씩 따라 하세요.

(1) 2, 3, 4문단을 볼 수 없게 다른 책으로 가립니다.

(2) 1문단을 읽습니다.

(3) 1문단을 읽은 후 2문단의 내용을 예상해 봅니다.

(4) 이와 같은 방식으로 뒷부분을 가리고 읽은 후 다음 문단의 내용을 예상해
   보세요.

마음을 전하는 방법

1문단 사람의 마음은 보이지 않아서 잘 전하는 것이 중요합니다. ㉠그렇지 않으면 오해¹가 생길 수도 있기 때문이지요. 그렇다면 다른 사람에게 우리의 마음을 전하는 방법에는 무엇이 있을까요?

2문단 우선 직접 만나서 이야기를 나누는 방법이 있어요. 실제로 만나야 하기 때문에 만날 장소와 시간을 정해야 합니다. 그래서 너무 바쁘거나 멀리 떨어져 살면 어려울 수 있어요. 전화로 이야기하는 방법도 있습니다. 전화는 서로 시간만 맞으면 가능해요. 장소는 각자가 원하는 곳에서 통화할 수 있어요. 문자나 이메일 등으로 메시지를 보내는 방법도 있답니다. 메시지는 각자가 원하는 장소에서 원하는 시간에 열어 볼 수 있어서 가장 간편해요.

3문단 이중에서 저는 직접 만나서 이야기를 나누는 것이 마음을 전하기에 가장 좋다고 생각합니다. 물론 시간과 장소를 정해야 하기 때문에 약간은 불편할 수 있습니다. 하지만 직접 만나서 이야기하면 전화나 메시지로 할 때는 볼 수 없는 상대의 표정이나 기분을 느낄 수 있어요. 그래서 말로 전달²되지 않는 깊은 마음도 알 수가 있지요.

4문단 반면 메시지는 가장 편하기는 하지만 마음은 잘 전달되지 않는 것 같아요. 메시지를 통해 말은 분명하게 전달되지만 실제로 어떤 표정과 어떤 느낌으로 그 말을 했는지를 알기 어렵기 때문이에요. 그래서 사람들은 메시지를 쓸 때는 이모티콘³ 등을 이용해서 느낌을 전달하려고 해요.

주목할 어휘 1 **오해** | 그릇되게 해석하거나 뜻을 잘못 앎

2 **전달** | 지시, 명령, 물품 따위를 다른 사람에 전하여 이르게 함

3 **이모티콘** | 컴퓨터 등에서 문자, 기호, 숫자를 조합하여 만든 그림 문자

3 마음을 전하는 세 가지 방법과 그 특징을 다음 표에 정리하세요.

마음을 전하는 방법

직접 만나서
이야기한다.

장소와 시간을
정해야 한다.

4 1문단의 ㉠그렇지 않으면은 다음 중 무엇을 뜻할까요? (   )

㉠그렇지 않으면
대신에 보기를
차례대로 하나씩
넣어 보세요.

① 사람의 마음은 보이지 않으면

② 잘 전하는 것이 중요하면

③ 잘 전하지 않으면

④ 오해가 생길 수도 있으면

⑤ 마음을 전하는 방법이 다양하면

5 다음 지시에 따라 글쓴이의 주장과 근거를 찾아보세요.

(1) 주장은 글쓴이가 가지는 생각과 의견입니다.

(2) 근거는 그 주장을 뒷받침하는 까닭입니다.

(3) 3문단에서 주장을 찾아 물결 밑줄을 그으세요.

(4) 근거를 찾아 차례대로 ①, ②로 번호를 매기고 밑줄을 그으세요.

6 여러분은 마음을 전하는 세 가지 방법 중 무엇을 가장 좋아하나요? 그 이유를 글로 쓰세요.

내가 가장 좋아하는 방법은 ....

....

왜냐하면 ....

....

....

....

30 지금 바로 줄넘기를 시작하세요

예술 체육 논설문

읽기 전
유창성

1 다음 지시에 따라 읽기를 연습하세요.

(1) 다음 문장을 천천히 정확하게 읽으세요..

간장 공장 공장장은 강 공장장이고 된장 공장 공장장은 공 공장장이다.

(2) 더듬거린 부분은 다시 읽고 연습하세요.

(3) 이번에는 조금 더 빠르게 읽어 봅니다.

(4) 실수 없이 읽을 수 있도록 2~3번 더 연습합니다.

읽기 중
이해 전략

2 다음 지시에 따라 지문을 읽어 보세요.

(1) 글을 한 번 읽고 모두 이해하기는 어렵습니다.

(2) 읽으면서 내가 내용을 이해하고 있는지 돌아봐야 합니다.

(3) 혹은 다른 생각으로 놓친 부분은 없는지도 돌아봐야 합니다.

(4) 이해하지 못하거나 놓친 부분이 있는지 생각하며 읽으세요.

(5) 있다면 그 부분을 다시 한번 읽도록 합니다.

지금 바로 줄넘기를 시작하세요

1문단 건강을 지키려면 운동은 필수! 하지만 할 줄 아는 운동도, 함께 할 사람도, 시간도 없다고요? 그렇다면 줄넘기를 시작하세요! 줄넘기는 쉽습니다. 누구나 할 수 있습니다. 그리고 혼자서도 할 수 있죠. 많은 시간도 필요하지 않아요. 틈나는 대로 아무 때나 할 수 있고, 좁은 곳에서도 할 수 있어요.

2문단 꾸준히 줄넘기를 하면 온몸이 건강해집니다. 첫째, 심장이 튼튼해집니다. 온몸으로 산소를 보내기 위해 심장과 폐가 많은 운동을 하기 때문입니다. 둘째, 팔과 다리도 튼튼해집니다. 계속적으로 뜀을 뛰면서 팔을 돌리기 때문입니다. 셋째, 독소[1]를 배출[2]하는 효과가 있습니다. 줄넘기를 하면서 흘리는 땀을 통해 온몸의 독소가 몸 밖으로 나오게 됩니다. 넷째, 체중도 감량[3]할 수 있습니다. 짧은 시간 동안 많은 에너지를 소모해서 뱃살을 줄이는 데 큰 도움이 됩니다. 다섯째, 키가 크는 데도 도움이 됩니다. 점프를 하는 동안 성장판을 꾸준히 자극하기 때문입니다.

3문단 어떤가요? 멋지지 않나요? 지금 바로 줄넘기를 시작해 보세요. 한 달만 지나도 줄넘기의 마법을 느끼게 될 거예요!

4문단
줄넘기 사랑 협회

전화: ○○○-123-4567 이메일: abc****@jumping.com

주목할 어휘 1 **독소** | 몸 안에서 생기는 독의 성질을 가진 물질
2 **배출** | 안에서 밖으로 밀어 내보냄
3 **감량** | 수량이나 무게를 줄임

3 **다음 지시에 따라 줄넘기의 장점을 정리하세요.**

(1) 줄넘기의 장점을 설명하는 문단을 찾아서 ○표 하세요.

(2) 첫째, 둘째처럼 순서를 나타내는 말에 ○표 하세요.

(3) 줄넘기의 장점에는 물결 밑줄을, 근거에는 밑줄을 그으세요.

 예시 첫째, 심장이 튼튼해집니다. 온몸으로 산소를 보내기 위해 심장과
폐가 많은 운동을 하기 때문입니다

4 **3번에서 찾은 줄넘기의 장점과 근거를 다음 표에 정리하세요.**

정리한 후 말로
설명도 해 보세요.

순	장점	근거
첫째	심장이 튼튼해집니다.	
둘째		계속적으로 뜀을 뛰면서 팔을 돌리기 때문입니다.
	독소를 배출하는 효과가 있습니다.	
넷째		짧은 시간 동안 많은 에너지를 소모해서 뱃살을 줄이는 데 큰 도움이 됩니다.

5 지문에 대한 설명으로 맞으면 ○, 틀리면 X로 표시하세요.

1	사람들에게 줄넘기를 권하는 글이다.	☐
2	다양한 운동을 고루 해야 하는 이유를 말하고 있다.	☐
3	도움을 받을 수 있는 연락처를 알려 주고 있다.	☐
4	줄넘기 줄을 살 수 있는 정보를 알려 주고 있다.	☐

6 다음 지시에 따라 좋아하는 것을 광고해 보세요.

(1) 운동, 취미, 놀이처럼 내가 좋아하는 것을 떠올려 보세요.

(2) 그것의 장점을 생각해 보세요.

(3) 우선 말로 설명해 본 후 글로 쓰세요.

1 도라슨 드라이기로 바꾸세요

1 기존 드라이기의 문제점, 도라슨 드라이기의 장점, 가격, 구입 방법, 할인

3 큰 사람, 큰 눈, 넓혀서 키움

4 ②

5

드라이기

문제	⇒	해결
• 머리를 말리는 데 시간이 너무 오래 걸림		• 강력한 모터로 공기를 밀어냄. 바람이 여러 방향에서 나오도록 만듦
• 머리카락이 타기도 함		• 1초당 20회씩 공기 온도를 측정해 바람의 온도를 150도 이하로 유지함

6

스마트폰

문제	⇒	해결
• 가격이 너무 비쌈		• 조금 더 싼 제품을 만듦
• 배터리가 너무 빨리 닳음		• 배터리를 쉽게 교체할 수 있게 만듦

2 왜 호주에는 신기한 동물이 많을까?

3 ②, ⑤

4 호주 대륙이 수천만 년 동안 다른 대륙과 떨어져 혼자 있었기 때문이다.

6 내가 가장 신기하게 생각하는 동물은 캥거루이다. 왜냐하면 아기를 자기 뱃속에 품고 다니기 때문이다. 세상에 어떤 동물도 이렇게 배에 주머니가 달려서 새끼를 담고 다니지는 않는다.

3 나무를 심어야 하는 이유

3 살아서 숨 쉬고 활동하는 물체

4 나무는 한 그루만 있어도 ❶많은 생명체를 길러낼 수 있어요. 나무가 모인 숲은 ❷그 자체로 하나의 생태계예요. 수명을 다해 죽은 나무조차도 ❸다양한 생물들의 보금자리가 되지요. 나무는 ❹가뭄과 홍수도 막아 주고, ❺공기도 깨끗하게 해 줘요. 또 ❻산사태를 막아 주고 ❼흙을 보존해 주기도 해요. 나무가 지구를 위해 하는 일은 다 말할 수 없을 정도로 많아요.

5 ④ 우리 모두 나무 심기의 중요성을 알고 계속 나무를 심어야 해요.

6
- 숲에 가면 기분이 좋다.
- 나무를 이용해 가구를 만들 수 있다.
- 나무에는 과일이 열리기도 한다.

4 세계의 여러 종교

1 불교, 기독교, 천주교, 이슬람교, 힌두교, 원불교 등

3 믿고 의지함
믿음을 배반함
굳게 믿음

4

	믿는 대상	가장 중요한 것	신자 수
기독교	예수	사랑	25억 명
이슬람교	알라	순종	19억 명
힌두교	매우 많음	우주와 하나 됨	12억 명
불교	부처	깨달음	5억 명

5 ③

6 나는 신이 없다고 생각한다.
왜냐하면 신이 있다면 이 세상은 완벽해야 하다. 하지만 세상은 완벽하지 않고 많은 고통과 문제가 있다. 그래서 나는 신이 없다고 생각한다.

5 운동을 하면 왜 땀이 날까?

3

운동을 하면 몸의 여러 부위를 <u>활발하게 움직이고 힘도 쓰게 됨</u>

↓

우리 몸에서 열이 나게 됨

↓

열이 나면 <u>체온이 올라가면서 덥다고 느끼게 됨</u>

↓

건강하려면 <u>체온을 유지해야 함</u>

↓

그래서 우리 몸은 체온을 낮추는 작업을 함. 그 작업이 <u>땀</u>

4

몸 안에서 열이 남

↓

땀샘은 <u>땀을 만들어 몸 밖으로 내보냄</u>

↓

몸 안의 찌꺼기들도 함께 밖으로 나오게 됨

↓

땀이 공기와 만나 <u>마르게 됨</u>

↓

땀이 말라 공기 속으로 열을 빼앗아가 <u>시원해짐</u>

5 운동을 하면 우리 몸에서는 열이 나게 됩니다. 그런데 몸이 건강하려면 일정한 체온을 유지해야 합니다. 그래서 열을 내리기 위해서 땀이 납니다. 땀이 마르면서 열을 빼앗아 갑니다. 그로 인해 몸이 시원해집니다.

6 운동을 하면 몸에 열이 난다. 그래서 땀을 통해 열을 내려야 한다. 만약 땀이 나지 않는다면 몸에 열이 계속 쌓일 것이다. 그러면 더 이상 운동을 할 수 없게 된다. 만약 억지로 참고 운동을 한다면 크게 아프거나 심하면 죽을 수도 있을 것 같다.

6 공기를 깨끗하게 하는 식물

1

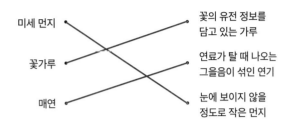

미세 먼지 — 눈에 보이지 않을 정도로 작은 먼지

꽃가루 — 꽃의 유전 정보를 담고 있는 가루

매연 — 연료가 탈 때 나오는 그을음이 섞인 연기

3 공기 정화 식물

4 ④

5

아레카야자	가습기 역할을 한다.
관음죽	암모니아를 흡수한다.
대나무야자	벤젠, 포름알데히드를 제거한다.
인도 고무나무	넓은 잎으로 몸에 좋지 않은 가스를 잘 흡수한다.

6
- 정신과 정서가 안정된다.
- 불안감, 신경 과민이 해소된다.
- 공기 질이 개선된다.
- 인테리어 효과가 있다.

7 한류의 경제적 영향

1 뉴진스, BTS, 축구, 야구

3 ①

4 (3) ①
(4) 한류 스타들이 사용하는 모든 것에 관심이 있기 때문에

5 ③

6 나는 뉴진스를 가장 좋아한다. 왜냐하면 노래도 잘하고 춤도 너무 잘 추기 때문이다.
그리고 언니들 모두가 정말 예쁘다.

8 멀쩡한 편도선을 잘라 내는 이유

1

안구 — 위

폐 — 심장

식도 — 방광

혀 — 편도선

2

3
- 목이 아프다.
- 음식을 먹기 힘들어진다.
- 열이 난다.

4 편도선이 부으면 우선 편도선의 크기가 커진다. 또 하얀 점들이 생기게 된다.

5 ②

9 세계적인 디자이너, 코코 샤넬

1
- 세계적이라는 것은 무슨 뜻일까?
- 디자이너는 어떤 일을 할까?
- 코코 샤넬은 누구인가?
- 세계적인 디자이너란 무슨 뜻일까?
- 세계적인 디자이너에는 또 누가 있을까?

3 병원 - 환자를 진찰, 치료하는 기관
학원 - 돈을 받고 학생을 교육하는 기관
법원 - 재판을 하는 국가기관

4 ⑤

5 2, 3, 1

6 나는 학원에 많이 다니는 것을 바꾸고 싶다. 만약 이것을 바꾸게 된다면 많은 아이들이 더 행복할 것이다. 왜냐하면 자기가 하고 싶은 일을 더 많이 할 수 있기 때문이다.

10 다양한 악기의 종류

2 관악기, 타악기, 현악기

3

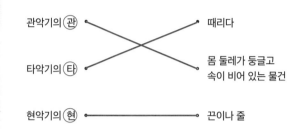

관악기의 (관) — 때리다
타악기의 (타) — 몸 둘레가 둥글고 속이 비어 있는 물건
현악기의 (현) — 끈이나 줄

4 X, O, X

5

관악기	타악기	현악기
바람을 불어 연주하는 악기	두드리거나 쳐서 소리를 내는 악기	줄을 튕겨서 소리를 내는 악기

6 현악기, 타악기, 관악기

11 감기를 예방하려면

1 거짓, 거짓, 진실

2 ①손을 자주 씻으세요. 비누를 이용해 흐르는 물에 30초 이상 씻으면 손에 있는 세균 대부분을 없앨 수 있습니다.
②어린이는 어른에 비해 감기 바이러스에 약하므로, 극장, 실내 놀이터 등 사람이 많이 모인 장소에는 가지 않습니다.
③물을 많이 마셔서 코와 목을 건조하지 않게 하면 감기에 걸릴 확률이 낮아집니다.

④ 바깥 기온이 급격히 변하기 때문에, 체온을 유지하기 쉽게 얇은 겉옷을 준비해 두었다가 필요할 때마다 입는 것이 좋습니다.

⑤ 외출 후 양치질을 하면 목감기 예방에 도움이 됩니다.

⑥ 기침이나 콧물, 두통 등의 감기 증세가 있을 경우 마스크를 쓰고, 기침이 나오면 옷소매 등으로 가려 침이 튀지 않도록 합니다.

3 ③

해설: 예방주사와 특별한 치료법은 환절기에만 없는 것이 아니고, 질문은 환절기에 관한 문제입니다.

4 2. 예방주사나 특별한 치료법이 없습니다.
3. 생활 속 예방이 제일 중요한 병입니다.

5

	행동 요령	이유
1	손을 자주 씻으세요.	손에 있는 세균 대부분을 없앨 수 있습니다.
2	사람이 많이 모인 장소에는 가지 않습니다.	어린이는 어른에 비해 감기 바이러스에 약합니다.
3	물을 많이 마시세요.	코와 목을 건조하지 않게 하면 감기에 걸릴 확률이 낮아집니다.
4	얇은 겉옷을 준비해 두었다가 필요할 때마다 입으세요.	체온을 유지하기 쉽습니다.
5	외출 후 양치질을 하세요.	목감기 예방에 도움이 됩니다.
6	마스크를 쓰고, 기침이 나오면 옷소매 등으로 가리세요.	침이 튀지 않도록 합니다.

12 유관순 열사

1

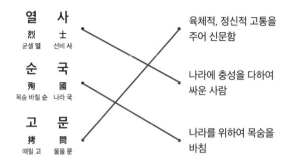

3 O, X, O, O, X

4 의사, 열사

5 1902년
1919년 3월 1일
아우내 독립 만세 운동을 이끎
순국함

13 서로 다른 계절에 피는 꽃

3 봄: 해가 많이 나는 여름 동안 열매를 길러 내야 한다. 겨울에 모아 둔 양분으로 얼른 꽃을 피우고 열매를 맺는다.
여름: 꽃이 특별히 눈에 띄거나 향기롭지 않아도 꽃가루를 옮길 생물이 많아 유리하다.
가을: 곤충을 부르는 향기가 짙은 경우가 많다.
겨울: 곤충에게 꽃가루받이를 맡기지 않는다. 동백꽃의 경우는 새에게 맡긴다.

4 ⑤

5   봄꽃: 벚꽃, 철쭉, 개나리
     여름꽃: 나팔꽃, 장미, 해바라기
     가을꽃: 국화, 코스모스, 방울꽃
     겨울꽃: 동백꽃, 수선화, 베고니아

6   겨울에는 곤충이 모두 죽어 없기 때문입니다.

14   아직 사용해도 될까요?

1   여름에 깜빡 잊고 냉장고에 넣지 않은 빵에 곰팡
     이가 생긴 것을 보았습니다. 곰팡이는 푸르스름
     한 색을 띠었고 보기에 지저분했습니다. 곰팡이
     를 보고 먹지 않았지만 만약 먹었다면 심한 배탈
     에 걸렸을 겁니다. 상한 음식은 먹지 않도록 주
     의해야 합니다.

3   유통 기한, 소비 기한

4   ②

5   사실, 의견, 사실, 의견

15   삼원색이 무엇일까?

3
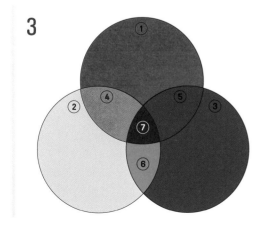

4
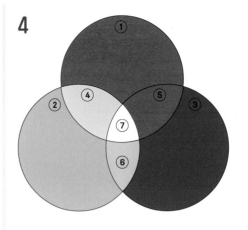

5   노랑, 청록, 자홍

16   사라질 위기에 처한 투발루

3   ③

4   ③ 지구 온난화가 일어남
     ② 바닷물의 높이가 점점 높아짐
     ① 섬 전체가 점점 바닷속으로 잠김

5   ③ 기계를 사용하고 자동차를 탐
     ④ 석탄과 석유에서 다양한 가스가 나옴
     ① 가스가 지구를 둘러쌈
     ② 태양열이 지구 밖으로 빠져나가지 못함

6   투발루가 사라지고 있는 이유는 지구온난화 때
     문이다. 사람들이 사용하는 석유와 석탄에서 가
     스가 나온다. 그리고 그 가스가 지구의 온도를
     올리고 있다. 이로 인해 빙하가 녹고 땅이 낮은
     투발루 같은 나라는 물에 잠기는 것이다.

17 바람에도 이름이 있어요

3

계절	바람의 이름	불어오는 방향
봄	샛바람	동쪽
여름	마파람	남쪽
가을	하늬바람	서쪽
겨울	된바람	북쪽

4 <u>이름</u>   특징

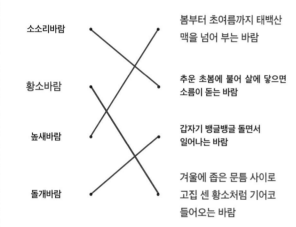

소소리바람   봄부터 초여름까지 태백산맥을 넘어 부는 바람

황소바람   추운 초봄에 불어 살에 닿으면 소름이 돋는 바람

높새바람   갑자기 뱅글뱅글 돌면서 일어나는 바람

돌개바람   겨울에 좁은 문틈 사이로 고집 센 황소처럼 기어코 들어오는 바람

5

불어오는 방향에 따른 바람의 이름	특성에 따른 바람의 이름
샛바람, 하늬바람, 마파람, 된바람	소소리바람, 황소바람, 높새바람, 돌개바람

6 내 생각에 실바람은 아주 약한 바람인 것 같다. 왜냐하면 실은 매우 얇기 때문이다. 그렇게 얇은 실처럼 얇게 바람이 불어올 때 실바람이라고 부를 것 같다.

18 반짝반짝 반딧불의 비밀

1

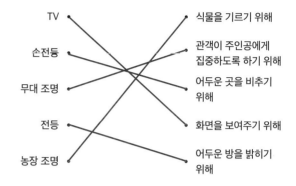

TV   식물을 기르기 위해

손전등   관객이 주인공에게 집중하도록 하기 위해

무대 조명   어두운 곳을 비추기 위해

전등   화면을 보여주기 위해

농장 조명   어두운 방을 밝히기 위해

2 1문단: 반딧불이는 왜, 그리고 어떻게 불빛을 만들어 내는 걸까요?
2문단: 반딧불이는 짝을 찾기 위해서 불빛을 낸다고 해요.
3문단: 반딧불이의 불빛은 화학발광의 결과물이에요.

3 (1) ②
(2) 대한민국, 백미, 국가

4 이게 - 불빛을 깜빡이는 모습
그걸 - 수컷 반딧불이가 깜빡이기 시작한 불빛

5 ④

6

1. 반딧불이가 빛을 내는 이유

   • 수컷 반딧불이가 짝을 찾기 위해서 불빛을 냄

   • 암컷 반딧불이가 보고 똑같은 불빛을 내보냄

2. 반딧불이가 빛을 내는 방법

• 원래 빛을 내려면 보통 전기를 이용하거나 무언가를 태움.

• 하지만 반딧불이는 화학발광으로 빛을 냄

• 화학발광이란 두 물질이 만나 화학반응으로 빛을 내는 것임.

19   품앗이와 두레

3 ③

4 이엉이란 지푸라기로 엮어 만든 것이다.
이런 일이란 초가집의 지붕을 이엉으로 새로 덮는 것이다.

5 품앗이: 품을 빌려 쓰고 되갚으며 서로 도왔다.
공통점: 혼자서 하기 힘든 일을 함께 해결했다.
두레: 일손이 없어도 도와주었다.

6 나는 두레와 품앗이가 더 좋다고 생각한다.
왜냐하면 돈이 없는 사람도 다른 사람의 도움을 받을 수 있기 때문이다.

20   소방차는 왜 빨간색일까?

3 다양하면 재미있을 겁니다.

4 ②, ④

5 사람들이 소방차를 빨리 알아차리지 못할 것입니다. 또 급하게 피해야 할 것 같은 생각이 덜 들 수도 있습니다.

21   동물학자에서 환경보호 운동가로, 제인 구달

1 이 글은 제인 구달이라는 사람에 대한 글이라고 생각됩니다. 그는 처음에는 동물학자였다가 나중에 환경보호 운동가로 직업을 바꾼 것 같습니다. 어떻게 직업을 바꾸게 되었는지 알 수 있을 거라고 생각합니다.

2
동물학자에서 환경보호 운동가로, 제인 구달

1문단 제인 구달은 침팬지 연구가로 잘 알려진 유명한 동물학자예요. 1934년 런던에서 태어나 어려서부터 동물학자를 꿈꾸었어요. 정식 교육을 받진 않았지만 고고학자, 루이스 리키를 만나 침팬지 연구를 시작했어요.

2문단 1960년 제인 구달은 침팬지가 사는 탄자니아 곰베로 갔어요. 혼자 밀림[1]으로 들어가 침팬지에 서서히 접근했고, 자연 상태의 침팬지에 대해 직접 관찰하며 연구했지요. 그 결과 제인은, 침팬지에 대해 많은 ⓐ것들을 밝혀냈어요. 침팬지가 육식[2]을 하며, 사람처럼 도구[3]를 이용하고 사회생활을 한다는 것을요. 그리고 1977년에는 '제인 구달 연구소'를 설립, 계속 새로운 연구 결과를 발표하며 세계적인 침팬지 연구 권위자가 되었지요.

3문단 제인 구달은 멸종 위기에 처한 침팬지를 돕기 위해서는 환경이 개선되어야 한다는 사실을 깨달았어요. 1991년 제인은 탄자니아에서 '뿌리와 새싹'이라는 단체를 만들고 청소년을 대상으로 환경 운동을 시작했지요. 기후 위기와 생태적 재난을 극복하기 위해 전세계 청소년들을 격려하고, 그들의 활동을 도왔어요. 제인 구달은 지금도 전 세계를 돌아다니며 동물의 권리와 이익, 환경보호를 외치고 있답니다.

3 미생물학자: 미생물을 연구하는 사람
법학자: 법을 연구하는 사람
심리학자: 심리를 연구하는 사람

4 ①

5 환경 운동을 펼친 제인 구달

6 • 캥거루는 무엇을 먹고 살까?
• 캥거루는 어떤 환경에서 살고 있을까?
• 캥거루는 IQ가 어느 정도일까?
• 캥거루와 사람이 친구가 될 수 있을까?

22 북한 어린이들은 어떤 학교에 다닐까?

1 · 북한에는 자유가 없다.
　· 북한은 가난하다.

3 옷

4

	원래 이름	현재 이름	바뀐 시기
우리나라	국민학교	초등학교	1995년
북한	인민학교	소학교	2002년

5 교복, 학교를 다니는 기간

---

23 라면은 어떻게 만들어졌을까?

3 ①

4 라오민, 식당, 인스턴트 라면

5 ① 면을 기름에 튀기면 오래 보관할 수 있다는 것
　② 물만 부으면 원래 상태로 되돌아간다는 것

6 질문: 안도는 왜 자신이 만든 라면을 어느 회사
　　　건 자유롭게 만들 수 있게 했을까?
　문장: 안도는 면을 기름에 튀기면 오래 보관할
　　　수 있다는 것을 생각해 냈어요.
　질문: 안도는 왜 면을 기름에 튀기면 오래 보관
　　　할 수 있을 것이라고 생각했을까?

---

24 지구의 허파, 아마존

2

　산소는 모든 (생명체)에게 (필수적)이에요. 산소가 없이는 1분도 채 버티기 힘들죠. 이토록 중요한 산소를 지구에서 가장 많이 만들어 내는 곳, 바로 아마존입니다. 남아메리카에 위치한 아마존은 시구에서 가상 큰 열대우림[2] 지역이에요. 이곳에는 세계 생물 종류의 절반에 이르는 다양한 생물들이 살고 있어요.

　아마존은 지구에 필요한 산소의 약 ㉠20%를 만들어 내고 있어요. 그래서 (지구의 허파)라는 별명도 가지고 있지요. 허파는 폐를 뜻하는 순우리말로 가슴에 위치해 숨 쉴 때 사용하는 기관이랍니다. 허파가 없으면 숨을 쉴 수 없는 만큼 지구의 허파라는 별명은 아마존의 중요성을 표현하는 말입니다.

　이토록 소중한 아마존이 무서운 속도로 파괴되고 있어요. 사람들이 나무를 얻으려고 숲을 파괴하고, 금을 얻으려고 여기저기 파헤치고 있거든요. 일부러 숲에 불을 내기도 해요. 숲이 사라진 자리에 농사를 짓고, 소를 키우고, 도로를 만들고, (광산)을 개발하기 위해서지요. 이런 이유로 아마존의 숲은 엄청난 속도로 사라지고 있어요.

3 (2)

(3) 40%

4 ⑤

6 아마존이 파괴된다면 우리는 충분한 산소를 얻을 수 없을 것입니다. 지금도 미세 먼지로 숨쉬기가 어려운데 공기가 더 많이 오염되어 힘들어질 것입니다. 어쩌면 마스크를 끼지 않았는데 마스크를 낀 것처럼 답답해질지도 모르겠습니다.

25 | 뮤지컬과 오페라

1 거짓, 거짓, 진실

3 O 회의, 교회, 전시회, 친목회
X 회복, 회피, 회상, 회수

4 오페라: 400년 전 이탈리아에서 생겨남
뮤지컬: 이야기가 더 중요
: 움직임도 중요

5 ① 뮤지컬과 오페라는 모두 음악을 이용하는 공연입니다.
② 뮤지컬은 19세기 미국에서 발달한 공연으로 노래, 음악, 이야기, 움직임이 모두 중요합니다.
③ 오페라는 약 400년 전에 이탈리아에서 생겨난 공연으로 노래가 아주 중요합니다.

6 나는 뮤지컬에 조금 더 관심이 갑니다. 왜냐하면 뮤지컬이 연극에 가까워 좀 더 친근하게 느껴지기 때문입니다. 반면 오페라는 노래가 익숙하지 않아 조금 낯선 느낌입니다.

26 | 보더콜리를 키우고 싶다면

1

보더콜리　　요크셔테리어　　시추　　웰시코기

2 하지만, 게다가, 하지만, 그런데, 따라서, 결국

3 중형, 대형

4 ②

5 X, X, O, O

6 산책을 자주 간다, 시골로 이사를 간다, 마당이 있는 집에서 산다, 러닝 머신 위를 달릴 수 있게 한다 등

27 | 인터넷 쇼핑이 더 싼 이유는?

3 ②

4 직원에게 지급해야 할 월급이 나가지 않음

6 저는 실제 쇼핑몰이 더 좋습니다. 왜냐하면 쇼핑몰에 가면 단순히 물건을 사는 것이 아니라 가족과 함께 바람도 쐬고 맛있는 것도 먹을 수 있기 때문입니다.

28 | 자동차의 미래를 만나 보세요

2 ① 최첨단 카메라와 센서를 이용해 스스로 도로 위의 장애물을 감지하고, 피합니다.
② 운전대에서 손을 떼도 알아서 달리니까, 운전자가 도로를 보고 있을 필요가 없습니다.
③ 아우슬라가 자율 주행 자동차의 속력을 기존의 시속 60킬로미터에서 80킬로미터로 높였습니다.

④ 자동차 안에 장착된 넓은 화면으로 영화를 보고, 업무를 처리하세요.

3 느끼어 아는 것

4 1세대 - 충돌이나 차선 이탈을 경고
2세대 - 앞차와 안전거리를 유지하고 혼자서 차선을 지킴
3세대 - 최첨단 카메라와 센서를 이용해 스스로 도로 위의 장애물을 감지하고, 피함

5 ②

---

29 마음을 전하는 방법

1 슬픔, 당황, 짜증, 놀람

3

직접 만나서 이야기한다.	전화로 이야기한다.	메시지로 이야기한다.
장소와 시간을 정해야 한다.	시간만 맞으면 가능하다.	장소와 시간을 정할 필요가 없다.

4 ③

5 저는 직접 만나서 이야기를 나누는 것이 마음을 전하는 가장 좋은 방법이라고 생각합니다. 물론 시간과 장소를 정해야 하기 때문에 약간은 불편할 수 있습니다. 하지만 직접 만나서 이야기하면 ① 전화나 메시지로 할 때는 볼 수 없는 상대의 표정이나 기분을 느낄 수 있어요. 그래서 ② 말로 전달되지 않는 깊은 마음도 알 수가 있지요.

---

6 내가 가장 좋아하는 방법은 문자나 이메일을 하는 것입니다. 왜냐하면 시간과 장소에 상관없이 늘 연락하고 마음을 전할 수 있기 때문입니다.

---

30 지금 바로 줄넘기를 시작하세요

3 (1) 2문단
(2), (3)

꾸준히 줄넘기를 하면 온몸이 건강해집니다. ⟨첫째,⟩심장이 튼튼해집니다. 온몸으로 산소를 보내기 위해 심장과 폐가 많은 운동을 하기 때문입니다. ⟨둘째,⟩팔과 다리도 튼튼해집니다. 계속적으로 뜀을 뛰면서 팔을 돌리기 때문입니다. ⟨셋째,⟩독소¹를 배출²하는 효과가 있습니다. 줄넘기를 하면서 흘리는 땀을 통해 온몸의 독소가 몸 밖으로 나오게 됩니다. ⟨넷째,⟩체중도 감량³할 수 있습니다. 짧은 시간 동안 많은 에너지를 소모해서 뱃살을 줄이는 데 큰 도움이 됩니다. ⟨다섯째,⟩키가 크는 데도 도움이 됩니다. 점프를 하는 동안 성장판을 꾸준히 자극하기 때문입니다.

4

순	장점	근거
첫째	심장이 튼튼해집니다.	온몸으로 산소를 보내기 위해 심장과 폐가 많은 운동을 하기 때문입니다.
둘째	팔과 다리도 튼튼해집니다.	계속적으로 뜀을 뛰면서 팔을 돌리기 때문입니다.
셋째	독소를 배출하는 효과가 있습니다.	줄넘기를 하면서 흘리는 땀을 통해 온몸의 독소가 몸 밖으로 나오게 됩니다.
넷째	체중도 감량할 수 있습니다.	짧은 시간 동안 많은 에너지를 소모해서 뱃살을 줄이는 데 큰 도움이 됩니다.
다섯째	키가 크는 데도 도움이 됩니다.	점프를 하는 동안 성장판을 꾸준히 자극하기 때문입니다.

5 O, X, O, X